90일만 쓰면 부자되는 가계부

−MY FINANCIAL DIARY−

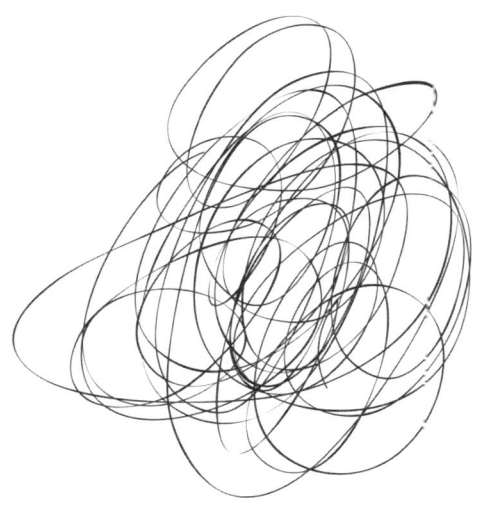

nobook

시작하는 글

가계부쓰기도 습관이 필요하다
습관이 부자를 만든다

♣ 재테크 전문가들은 이구동성으로 월급을 받으면 저축을 먼저하고 남는 돈으로 쓰라고 강조합니다. 이 말의 50%는 맞지만 50%는 맞지 않다고 생각합니다. 내가 얼마를 쓰는지 구체적으로 알아야 어느 정도를 저축하는 것이 합리적이고 지속 가능한지 알 수 있는데 무조건 저축만 먼저 하라는 것은 어쩌면 올바른 조언이 아닙니다.

또 이런 말도 합니다. 월급의 00%를 무조건 저축하고 남은 돈으로 쓰라고. 이 조언도 전적으로 잘못되었습니다. 저축은 의지로 하는 것이 아닙니다. 무리하게 다이어트를 하면 요요현상이라는 부작용을 겪어 몸이 더 나빠지듯이 무리한 저축에도 요요현상이 있습니다. 2~3개월 정도 먹을 것 안 먹고 입을 것 안 입으면서 자기 체력에 맞지 않게 저축을 하다보면 이런 근본적인 의문이 들게 됩니다. '사는 게 뭐지?', '내가 왜 이러고 살지?', '이렇게까지 해서 돈을 모으면 뭐하나?'. 그런 의문이 드는 순간 저축을 하고 싶다는 생각은 멀리 사라지고 오히려 저축을 시작하기 전보다 더 안 좋은 재무 상황에 빠지는 고객들을 저는 지난 22년간 무수히 만났습니다.

두 가지 조언의 공통적인 문제는 얼마를 쓰는지도 모른 채 의욕만 가지고 저축부터 먼저 하라는 것입니다. 그런 저축은 지속될 수 없습니다. 살면서 숨만 쉬어도 지출해야 하는 비용이 있고, 내 의지로 절약할 수 있는 비용이 있습니다. 저축을 하려면 이런 지출들을 파악하는 것이 먼저입니다. 그런 작업을 하기 위해 필요한 것이 바로 가계부를 쓰는 것입니다. 많은 사람들이 이러한 중요한 과정을 간과하고 생략하면서 부자가 되고 싶어합니다. 가계부를 쓰지 않고도 부자가 된 사람은 많겠지만 가계부를 쓰면 부자가 될 확률이 더 높아집니다.

가계부를 쓰는 가장 큰 목적은 불필요한 지출을 찾아내어 저축으로 연결하는 것입니다. 대부분은 실제로 자기가 소비한 금액을 더 적게 계산하는 경향이 있습니다. 우리가 흔히 쓰는 신용카드에 대한 경험으로 설명해 보겠습니다. 매달 받는 신용카드명세서를 보면서 쓴 것보다 더 많이 청구된 듯한 그런 찜찜한 기분이 든 적은 없었나요? 뭔가 과다하게 청구된 것 같아서 실제로 명세서의 지출항목 하나하나를 꼼꼼하게 따져 계산을 해 보면, 실제로 사용한 것이 맞지 않던가요? 이렇게나 지출에 대한 착시는 심합니다. 그런 오류를 바로 잡아주는 것이 바로 가계부입니다.

그런데 가계부를 쓰기 것이 너무 어렵게 느껴집니다. 몰라서, 귀찮아서, 뻔해서, 보고 싶지 않아서 등 가계부를 쓰지 않는 이유는 사람들마다 참 다양합니다. 가계부를 쓰는 것이 부자가 되기 위해서는 기본 중의 기본인 것인데 실제로 쓰는 사람은 열 명중에 한 명이 될까 말까 합니다. 누구나 두 번씩 시도들은 해보았겠지만 지속하는 사람이 그리 많지 않은 것이 현실입니다. 그래서 이 책의 작업을 저와 함께 한 김혜원 작가와 이렇게 중요한 가계부 쓰는 방법을 어떻게 독자들에게 손쉽게 전달하면 좋을지 많은 고민을 하였습니다. 오랜 시간 연구한 끝에 도달한 결론이 독자들에게 가계부를 쓰는 습관부터 길러드리자는 것입니다.

연말이 가까워 오면 팬시점이나 서점에는 각종 가계부나 다이어리가 넘쳐납니다. 다가오는 새해에는 무언가 잘해내고 싶다는 생각과 결심을 다지며 그 중에서 이것저것 마음에 드는 것을 골라 사가지고 올 때는 정말 마음이 뿌듯하죠. 어서 새해가 와서 하나하나 빈 여백을 채우고 싶다는 마음으로 설레입니다. 하지만 막상 새해가 시작되면, 그 1년치 다이어리나 가계부를 12월 31일의 마지막 장까지 다 채우는 사람이 과연 몇 명이나 될까요? 아마 그렇게 많지는 않을 것입니다. 간혹 빈 다이어리나 가계부를 보면서 좀 아깝다는 생각이 들었던 적도 있었을 것입니다. 꼭 가계부뿐만 아니라 금연이나 금주, 다이어트 등 연초에 결심했던 많은 목표들이 연기처럼 사라지는 경험들은 누구에게나 있을 것입니다. 왜 이런 현상이 매년 반복되는 것일까요? 그것은 이러한 결심들을 습관으로 만들지 않고 의지로만 계획했기 때문입니다.

저는 작년부터 건강을 생각해서 걷기운동을 시작했습니다. 이전부터 운동을 하려고 마음먹고 헬스 회원권을 끊어 놓고는 한 달을 다 채우지 못해 아까운 돈을 낭비한 적이 많았습니다. 새로 끊을 때마다 이번만은 반드시 기간을 다 채워보겠다고 매번 결심하지만 번번이 실패하고 말았습니다. 제가 실패한 이유를 분석해

보니 일주일에 3~4번정도 헬스장에 가면 성공이라는 안이한 생각을 했기 때문이었습니다. 3~4번이 2~3번이 되고 결국 1~2번 가다가 바빠지면 못가고 그러다보면 헬스장을 가야한다는 생각이 아예 들지 않게 되는 것입니다.

　　그런데 이번에는 다른 결심을 한번 해 보았습니다. 매일 걸으려면 걷는 것이 특별한 일이 되면 지키기가 어렵습니다. 그래서 '생활속 걷기'라는 슬로건을 내걸고 무조건 매일 걷는 것을 목표로 삼았습니다. 저녁에는 약속이 빈번하기 때문에 가능한한 아침에 걷기 시작했습니다. 집이 건대입구역 근처긴데 처음에는 집에서 한강고수부지를 지나 성수역에 도착해서, 다시 거기서 지하철을 타고 회사에 출근했습니다. 걷는 것이 점점 익숙해지고 나서는 뚝섬역까지 걸어가서 거기서 지하철을 탔습니다. 지금은 아침에는 물론이고 퇴근할 때도 그리고 시간날 때마다 역순으로 걸어서 집에 가고 있습니다. 아마 독자들께서도 백팩을 메고, 500ml 생수병을 흔들며 씩씩하게 한강고수부지를 걷고 있는 저를 보셨을 수도 있습니다. 일 년이 조금 지난 지금까지 정말 불가피하게 걸을 수 없었던 5일을 빼고는 매일 걸은것 같습니다. 건강이 몰라보게 좋아진 건 당연하겠죠?

　　걷기운동을 시작한 후, 3개월까지는 걷기를 중단하고 싶었던 적이 많았습니다. 발이 아파서, 너무 추워서, 미세먼지 때문에, 비가 와서, 눈이 와서, 특히 숙취가 심한 다음 날 걷는 것이 가장 고통스러웠습니다. 이런 이유들을 뒤로 하고 계속 걸었습니다. 다행히 3개월이 지난 시점부터는 걷는 것이 그냥 일상이자 생활이 되기 시작했습니다. 차라리 안 걸으면 그게 더 이상했습니다. 생활속 습관이 되었기 때문에 불가피한 이유가 생기지 않는 한 걸을 수 있을 때까지는 계속 걸을 생각입니다.

이 책을 기획하면서 제가 걷기를 습관으로 만든 경험이 참고가 되었습니다. 습관에 대해 쓴 책들을 읽어 보면, 좋은 습관을 만드는 데는 일정 시간이 걸린다고 합니다. 21일만 지속하면 된다는 책도 있고, 60일이 걸린다는 책도 있지만 가계부쓰기를 습관으로 만드는 데는 90일은 필요합니다. 90일은 써봐야 본인의 소비패턴이나 액수를 어느 정도 파악하여 돈 관리에 도움이 되는 기초데이터로 사용할 수 있습니다. 90일동안 가계부를 쓰는 습관이 형성되게 되면 이제는 연간가계부를 쓸 수 있는 체력이 만들어질 것입니다. 90일동안 본인의 소비지출패턴과 금액을 파악하여 최대한 저축을 하고 이어서 길러진 체력을 통해 연간가계부를 쓰는 것입니다.

이 책을 함께 집필한 김혜원 작가는 20대 초반부터 가계부를 쓰기 시작했습니다. 그 결과 20대에 이미 1억 원을 모았습니다. 20대가 모으기에 1억은 정말 쉽지 않은 돈입니다. 지금도 계속 가계부를 쓰면서 더 많은 부를 쌓고 있는데 그 시작은 가계부였다고 늘 강조하곤 합니다. 가계부를 처음 쓰기 시작할 당시에 먼저 이루고자 했던 꿈을 현실로 끌어 당겨 오기 위한 일정 수준의 필요한 '돈'이 얼마이고, 어느 정도의 시간이 걸리는지를 예측했습니다. 꿈을 향한 재무적인 로드맵과 마인드맵을 그린 후에 그 안에서 가계부가 움직이도록 셀프 재무 세팅을 해 나갔습니다. 여러 번 시행착오를 겪었지만 꿈과 돈이 함께 움직이는 시스템이 완벽하게 만들어지면서 가계부를 쓰는 목적이 뚜렷해졌고 꾸준히 가계부쓰기를 실천해 큰 부자는 아니더라도 작은 부자로 살고 있습니다. 직접 실천해서 가계부쓰기의 강력한 효과를 경험한 후 그 노하우를 나누는 것이기에 그 효과에 대해서는 믿으셔도 됩니다. 김혜원 작가의 코칭에 따라 꿈을 적고 '90일동안' 가계부를 꾸준히 쓰시고 제가 드리는 재테크 꿀팁들을 잘 숙독하신다면 그때는 이미 부자가 될 초석이 만들어져 있을 것입니다.

누구나 부자가 되고 싶어 합니다. 나만의 부자의 기준, 혹은 어떤 꿈을 마음에 품고 어떻게 살고 또 어떻게 죽을 것인가에 대해 시간을 들여 생각을 진지하게 하는 사람은 많지 않습니다. 다른 사람들이 인정할 만한 커다란 '부'를 이룬 사람들은 그들만의 삶의 철학이 있고 꿈이 있습니다. 지금부터라도 늦지 않았습니다. 꿈을 다시 한 번 떠 올려보시고 그 꿈과 재무적인 부분을 연결해 가계부를 쓰기 시작해 보세요. 90일 후에는 달라진 자신의 모습을 보면서 많이 놀라게 되실 것입니다. 돈에 끌려 다니지 않고 돈의 주인으로, 돈으로부터 자유로운 삶을 사는 독자 분들이 되시기를 저희 두 저자가 진심으로 온 맘을 다해 응원하겠습니다.

겨울의 길목에서 이천, 김혜원 드림

차례

011 프롤로그
_ 어떤 꿈을 마음에 품고 어떻게 살고 또 어떻게 죽을 것인가

PART 1 돈이 내게 어떤 의미죠?

017 생각, 그리고 자각
019 나만의 꿈꾸는 가계부의 시작
020 나, 되돌아보기
023 내가 바라는 부유함
028 막연함을 구체적으로

PART 2 경제적 독립 그리고 자유

034 내면의 목소리에 귀 기울이기
036 예측 불가능한 삶
040 경제적 자유의 첫걸음, 목표
041 아는 것을 넘어선 움직임
048 허기진 자유가 아닌 진정한 경제적 자유
055 나에게 경제적 자유란?
056 경제적 자유를 위한 경제적 독립

PART 3 재무 흐름 파악의 중요성

- 058 최고의 재테크, 재무관리
- 060 지출을 관리해야 더 빨리 모아져요
- 064 가계부를 대하는 마음
- 067 돈 관리의 슬럼프에 빠졌을 때
- 069 부자되는 긍정 확언
- 079 부자가 되는 심리학

PART 4 셀프 재무 다이어리

- 084 총 자산 현황표
- 085 월 생활계획
- 086 월간 계획
- 088 이 달의 나를 위한 응원 한마디
- 090 주간 지출
- 100 한달 습관

PART 5 재테크 그뤠잇 꿀팁

140　1. 부자가 되고 싶으면 오늘 당장 가계부를 쓰자
144　2. 고통스러운 지출 통제시스템부터 만들어라
149　3. 지출의 눈높이를 낮추고 저축의 눈높이를 높여라
152　4. 지출용도에 따라 통장을 쪼개보자
157　5. 강제저축시스템을 만들어라
160　6. 클릭 몇 번으로 숨은 돈 찾아내기
163　7. 사회초년생에게 꼭 필요한 4개의 통장
169　8. 13월의 보너스를 만드는 연말정산 절세 5총사
174　9. 청년우대형 주택청약종합저축으로 가입하라
178　10. 예·적금의 만기를 효과적으로 정하는 방법
181　11. 7초 만에 금리 높게 주는 예·적금 찾기
185　12. 투자상품을 무턱대고 두려워하지 마라
188　13. 보장성보험 가입 핵심포인트 10가지
198　14. 보험가입! 갱신형? 비갱신형?
202　15. 더 늦기 전에 개인연금으로 노후를 준비하라!
212　16. 개인연금 가입 십계명
213　17. 내가 가입한 퇴직연금은 도대체 어떤 유형이지?

219　에필로그
　　　_ 오늘의 당신은 지금 '내일'을 그려내고 있다

프롤로그

무언가에 뜨거웠던 적이,
당신은 있나요.
사랑이든, 꿈이든, 돈이든, 부자이든
우리 삶에서 한 번쯤은 마음 속에 담아 두고 있는
'달'과 같은 것 말입니다.
갑자기 가계부 이야기를 하다가
달이니 꿈이니 하는 이야기가
엉뚱한 헛소리로 들릴지도 모르겠습니다만
지금, 이 책과 마주하신 당신께,
잠시 '달과 6펜스' 이야기를 해 드리려고 합니다.

이 책을 읽어 보셨다면 아시겠지만 우리에게 익숙한 고전인 '달과 6펜스'는 잘 나가는 증권 중개인이었던 주인공이 마흔이 되던 어느 날, 그동안 이룬 재산과 가족을 등지고 '그림'에 대한 열망 하나로 집을 나서는 이야기입니다. 말 그대로 그림에 미쳤던 셈이죠. 그림을 그릴 도구를 살 6펜스의 돈단 벌고 나머지 시간 동안은 평생 그림만 그립니다. 그의 그림을 본 사람들은 실력이 형편없다며 비웃었지만 주인공은 남들의 시선에 개의치 않았죠. 결국 그가 죽고 난 후에야 비로소 주인공의 작품은 빛을 발합니다.

'달과 6펜스'. 사실 저는 이 소설을 스물 한 살에 읽었습니다. 한창 글쓰기 공모전에 도전하고 있던 '문학청년' 시절이었습니다. 이상향이나 꿈이라는 것은 절대 '돈'으로 살 수 없는 것이니 멋지다고 생각하면서도 한편으로는 솔직히 두려웠습니다. 주머니에 '6펜스'밖에 없다면 '달'을 얻기 위해 현실의 고루함과 비참함을 나는 견딜 수 있을까? 좋아하는 일로 돈을 번다는 것이 정말 불가능한 것일까? 라고 스스로 자문해 보았습니다. 역시 저는 속물이고 욕심쟁이였습니다. '달'도 '6펜스'도 포기하고 싶지 않았거든요. 어쩌면 그때부터 은연중에 이런 마음이 생긴 것 같습니다. 돈은 꿈을 이루기 위한 좋은 도구이자 조력자가 되어야 한다는 것을. 저의 가계부는 이 '본질' 안에서 움직입니다.

4년 전 출간했던 첫번째 책인 '하루 10분 거꾸로 가계부' 에서도 사실 '꿈'이 늘 먼저였습니다. 그 당시 이루고자 했던 꿈을 현실로 끌어 오기 위한 일정 수준의 필요한 '돈'이 얼마이고, 어느 정도의 시간이 걸리는지를 예측하여 일종의 꿈을 향한 재무 로드맵과 마인드맵을 그리고 그 안에서 가계부가 움직이도록 스스로 셀프 재무 세팅을 해 나갔습니다. 표현이 거창하지만 사실 이 모든 것의 출발점이 모두 '가계부'였고, 그 가계부의 원천은 모두 '꿈'

과 '돈'이 함께 였습니다. 즉 제 마음 속의 '달'과 '6펜스' 모두를 이루고 싶은 제 소망이 담겨져 있었던 셈이죠.

　　누구나 부자가 되고 싶어합니다. 그러나 나만의 부자의 기준, 혹은 어떤 꿈을 마음에 품고 어떻게 살고 또 어떻게 죽을 것인가에 대한 생각을 단 한번이라도 진지하게 해 보신 적이 있으신지, 조심스럽게 당신께 묻고 싶습니다. 물론 생계를 무시하지 못하는 우리들은 늘 수중에 돈이 필요합니다. 그 돈을 만들어 나가기에도 팍팍한 현실은 참고 견디기 힘들 것이란걸 모르지 않습니다. 그러나 소위 커다란 '부'를 이룬 사람들은 그들만의 삶의 철학이 있고 꿈이 있었습니다. 그들은 이미 알고 있는 것은 아닐까요? 마음 속에 '달'을 품어야만 비로소 깨닫는 어떤 부에 대한 진실이 있다는 것을 말입니다. 돈은 꿈을 가지고 있는 사람에게 더 큰 기회와 행운을 가져다 줄지도 모르죠.

　　당신의 현재가 '6펜스'로 시작했어도 마음에 품고 있는 '달'이 밝게 비춰주고 있는 한, 타인의 시선과 세상의 냉대에 쉽게 흔들리지 않으셨으면 좋겠습니다. 그리고 무엇보다 지혜롭고 슬기로운 '6펜스'의 관리를 통해 당신만의 꿈꾸는 삶이 현실과 가까워

지시기를 바랍니다. 저는 가계부를 습관처럼 써오며 작고 큰 소박한 꿈들을 이루어 보았고 여전히 저만의 달을 마음에 품고 오늘이라는 시간을 고군분투하며 치열하게 살고 있습니다.

　　당신 또한 당신만의 꿈꾸는 가계부 하나쯤은 마음에서도 현실에서도 품어 보시기를, 그 힘찬 시작을 지금부터 응원합니다.

PART 1
돈이 내게 어떤 의미죠?

> 가난하다고 해서 사랑을 모르겠는가
> 내 볼에 와 닿던 네 입술의 뜨거움
> 사랑한다고 사랑한다고 속삭이던 네 숨결
> 돌아서는 내 등 뒤에 터지던 네 울음
> 가난하다고 해서 왜 모르겠는가
> 가난하기 때문에
> 이것들을 이 모든 것들을 버려야 한다는 것을
>
> - 가난한 사랑의 노래(신경림) -

가난해서 사랑을 버려야 한다면 이보다 더 슬픈 일이 또 있을까요. 어쩌면 주객전도란 이럴 때 쓰는 사자성어가 아닐까 싶습니다. 그러니 우리는 지켜내야 합니다. 나의 소중한 삶의 가치들을. 그 가치들과 내 삶의 신념을 지켜내기 위해서는 또한 돈이라는 녀석을 무시할 수 없는 법이죠. 돈은 이처럼 우리 삶에 커다란 영향을 끼칩니다.

생각, 그리고 자각

우리의 평일 일상만 보아도 그렇습니다. 하루를 정리하면서 오늘 어떻게 지내셨는지 하루를 한번 조용히 되돌아 보신 적이 있으신가요. 나의 가족, 나의 친구, 그리고 나라는 사람의 월화수목금토일은 어떻게 흘러가고 있는지를…

'지금 어디쯤 와 있는지'
'난 어디로 흘러가고 싶은지'
'어떻게 살고 있는지'
그리고.. '어떻게 살아가고 싶은지'

'스몰스텝'이라는 말이 있습니다. 쉽게 말하자면 하루에 10분이든 20분이든 짧은 시간에 우리가 매일 관복할 수 있는 작은 습관들의 실천을 말합니다. 평범한 매일의 실천이 모여 꿈꾸던 삶이 시작된다는 거죠. 이렇게 작지만 꾸준한 실천을 통해 일상의 주인이 되는 경험을 우리는 만들 수 있습니다. 그런데 그 바라던 일상 중 '돈'이라는 걸 생각하면 금세 마음에 장벽이 생기고 맙니다.

'세계 여행은 가고 싶은데 지금 가진 돈은 없고
갚아야 할 대출은 있고
월급은 오르지 않고
내일 잘릴지 모르는 현장이라는 살얼음판에서
겨우 겨우 버티고 있는데 대체 무슨 꿈이야'

이런 부정적인 생각들을 하다 보면 지금의 현실을 한탄하게 되기 일쑤입니다. 물론 충분히 그런 마음이 생길 수 있습니다. 꿈이라는 것을 꾸기에는 현실의 물리적 장벽이 그만큼 넘기 힘든 상황으로 다가올 때도 분명 존재할테니까요. 그만큼 삶과 돈은 뗄레야 뗄 수 없는 키워드인 것만은 분명한 것 같습니다. 다만 반대로 이렇게 '안된다'라는 부정적인 시각을 가지고 현실의 장벽만을 생각한다면 우린 움직일 수 없습니다. 왜일까요? 생각은 모든 것에 선행하니까요. 여러분의 생각이 중요합니다. 이 생각은 우리의 실천까지 움직이도록 만들어 주는 원동력이자 긍정적인 생각을 통해 좋은 결과로 이끌어 주는 일종의 마법과도 같은 역할을 합니다.

나만의 꿈꾸는 가계부의 시작

앞으로 12달. 이 한 권을 통해 부자가 되실 수 있다고는 감히 말씀드리지 않겠습니다. 믿지도 않으실테니까요. 다만 이 꿈꾸는 가계부를 통해 여러분의 작은 의식의 변화와 예산 및 지출관리의 중요성, 그리고 돈을 뛰어 넘는 나만의 삶의 가치관과 꿈을 생각해 볼 수 있는 계기가 될 수 있다면, 그것으로 꿈꾸는 가계부의 역할은 충분할 것입니다.

시작하기에 앞서 앞으로 이 한 권에 담긴 이야기들을 읽고 쓰는 시간만큼은 그 어떤 현실의 장벽도 생각하지 말고 자유롭게 마음에서 떠오르는 생각이나 꿈을 되도록 편안한 마음으로 펼쳐 보시기 바랍니다. 떠오르는 머릿속의 생각을 애써 '안 될거야' 라거나 '설마 되겠어' 라는 부정적인 생각을 하지 말고, 되도록이면 추상적인 표현이나 허황된 미래보다는 현재 위치에서 가시적으로 그려볼 수 있는 구체적인 생각들을 글로 적어 보시기를 적극 추천드립니다. 무엇이든 움직여야 마법도 이루어진다고 하죠.

자, 그럼 꿈꾸는 가계부를 시작하겠습니다.

나, 되돌아보기

지금부터 본격적인 가계부를 쓰기 앞서 여러분의 현재 생각과 모습을 적어 보는 시간을 갖겠습니다.

나는, 누구인가

사실 굉장히 중요한 질문이지만 일상을 살면서 우리는 이 질문을 스스로 해 본 적도, 혹은 누군가로부터 들은 적도 별로 없을 것입니다. 그런데 이 '나'를 아는 것이 정말 중요합니다. 특히 '돈'을 다루는 데 있어서는 나를 꼭 되짚어 보는 시간이 필요합니다. 단순하게 생각하자면 돈을 소비하거나 모으는 주체는 바로 남이 아닌 '나'이기 때문입니다. 다시 말씀드리자면, 돈을 소비하거나 움직이게 만드는 주체는 결국 '나'입니다. 그렇기에 나의 심리, 나의 목표, 나의 방향을 아는 건 굉장히 중요합니다.

그러나 나를 잘 아는 사람은 드물 것입니다. 내가 아니고서야, 나 조차도 사실 내 몸의 일부분이라도 내 코를 내 눈으로 직접 보기가 쉽지 않은 것처럼 말이죠. 이렇게 보이지 않는 '나'의 실체를 이 곳에 한번 자유롭게 써 보면서 나와 마주하는 시간을 잠시 갖도록 하겠습니다.

주저하지 말고 망설이지도 말고, 타인의 생각이나 어떤 틀에 정해진 기준에 따르지 말고, 떠오르는 생각을 그냥 자유롭게 써 보시기를 권해 드립니다. 되도록 '나'라는 사람에 대한 솔직한 생각을 적어 보시면 좋겠습니다. 손 끝의 감각을 통해 글자 하나하나를 적어 나가다 보면, 내가 알지 못했던 새로운 혹은 반성하고 싶었던 나의 모습이 보일지도 모릅니다. 때론 후회스럽고, 한편으론 생각만 해도 가슴 설레는 미래의 모습까지도.

지금까지 당신은 어디서, 어떻게 살아 왔나요 (과거)

오늘 당신은 어디서, 어떻게 살고 있나요 (현재)

앞으로 당신은 어디서, 어떤 삶으로 지내기를 원하나요 (미래)

내가 바라는 부유함

써 보시니 어떠신가요. 조금은 '나'에 대해 되돌아볼 수 있는 계기가 되셨나요. 그렇다면 이젠 '나'라는 사람의 과거, 현재, 미래를 살펴 보았으니 좀 더 범위를 좁혀서 '부'에 접근해 보겠습니다. 바로 이번 장에서는 '내가 원하는 부자, 그리고 부의 기준'에 대해 적어 봅니다.

당신은 부자인가요(네 / 아니오)
_____

'네'라고 대답하셨다면 그 이유는 무엇인가요
_____
_____
_____
_____
_____
_____
_____
_____
_____
_____

특히 무엇이 충분해서 '네'라는 대답이 나왔을까요

___

'아니오'라고 대답하셨다면 그 이유는 무엇인가요

___

무엇이 부족해서 '아니오'라는 대답이 나왔을까요

___

이번엔 좀 더 구체적으로 부자의 기준에 대한 나의 생각을 적어보도록 하겠습니다.

당신에게 '부자'란 어떤 사람들인가요
_____

그렇게 생각한 이유는 무엇인가요
_____
_____
_____
_____

내 주변에 '부자'인 사람은 누구인가요 (지금 떠오르는 인물)
_____
_____

그렇게 생각한 이유는 무엇인가요
_____
_____
_____
_____
_____
_____
_____

물리적인 자산이 얼마나 있어야 '부자'라고 생각하시나요

_____
_____
_____

당신은 앞으로 얼마만큼의 자산을 모은 '부자' 반열에 들고 싶으신가요

_____
_____
_____
_____

부자는 꼭 '돈'으로만 따져야 하는 걸까요

_____
_____
_____

당신이 되고 싶은 '부자'는 구체적으로 어떤 행동을 하고 어떻게 사는 사람인가요

_____
_____
_____
_____
_____

당신이 원하는 부의 기준에 들었을 때(부자가 되었을 때) 하고 싶은 것 10가지를 적어 보세요.

_____
_____
_____
_____
_____
_____
_____
_____
_____
_____

　　고생 하셨습니다. 다소 생소하셨겠지만 아마 직접 내가 그리고 바라며 꿈꿔왔던 '부'의 기준을 적어 보시면서 당신만의 '부'와 '부자'의 기준이 어느 정도 구체적으로 그려지면 좋겠습니다. 물론 모든 질문들 앞에서 대답을 망설이거나 주저하거나 혹은 채우지 못하셨더라도 괜찮습니다. 전혀 문제될 것이 없습니다. 완성하지 못해도 최소한 질문을 읽고 마음에서 떠올렸던 것들이 있으셨을 테니까요. 그 떠올린 것들을 직접 써 보셨던 시간 만큼은 아마 내가 바라는 '부'에 대한 막연함이 조금이라도 구체화 되었을지도 모릅니다.

▌ 막연함을 구체적으로

　　이번엔 구체적으로 부자가 되고 싶은 나의 현재 그리고 앞으로의 모습을 적어보겠습니다.

수입/자산편

현재 당신의(우리 집의) 수입(고정, 변동 포함)은 어느 정도이신가요
_____
_____
_____

주로 어떤 활동을 통해 수입이 들어오나요(주수입, 부수입 포함)
_____
_____
_____
_____
_____
_____
_____

앞으로 축적하고 싶은 나의(우리집의) 자산은 어느 정도이신가요

그렇게 생각한 이유는 무엇인가요

꿈을 이루기 위한 자산을 만들기(모으기) 위해 오늘 내가 한 일은 무엇인가요(크게 3가지로 압축하자면)

_____
_____
_____
_____
_____
_____
_____
_____

꿈을 이루기 위한 자산을 만들기(모으기) 위해 오늘 내가 해서는 안되는 것들은 무엇인가요(크게 3가지로 이것만은 피해야 한다고 생각하는 것이 있다면)

_____
_____
_____
_____
_____
_____
_____
_____

지출/소비편

현재 당신이 하루에 소비하는 평균 액수는 대략 얼마인가요
(구체적이면 좋지만 굳이 그러지 않아도 괜찮습니다. 대략 생각나는 월 카드명세서에 찍히는 금액의 평균치나 혹은 하루에 쓰는 것들의 합을 대충 적어 보셔도 좋습니다)

주로 어디에 소비를 하시나요(예 간식비, 의복비, 미용비, 식비, 데이트 비용, 교통비, 통신비, 여가비, 쇼핑, 기타)

_____
_____
_____
_____
_____

그 소비를 해야 하는 궁극적인 이유는 무엇인가요

_____
_____
_____
_____
_____
_____
_____

그 소비를 했을 때의 당신의 마음(감정) 상태는 어떠신가요(예 기쁨, 즐거움, 편안, 쾌락, 안도, 슬픔, 우울, 후회, 불안, 기타…)

_____
_____
_____
_____

그 소비를 위해 오늘 내가 한 일은 무엇인가요

_____
_____
_____
_____

앞으로 예상되는 소비할 일들이 있다면 그것은 무엇일까요(나이 : 금액 : 이유 등을 순서로 적어 보시면 좀 더 구체적으로 보이실 거예요)

_____
_____
_____
_____
_____
_____
_____
_____

PART 2 | 경제적 독립 그리고 자유

▌ 내면의 목소리에 귀 기울이기

　　내 뜻대로만 되는 일은 세상에 없습니다. 남들은 다들 잘 사는데 나만 못 사는 것 같고, 옆집은 경제적인 여유가 있어 보이는데 우리 집만 늘 빠듯한 것 같다는 생각을 해 보신 적은 없으신가요? 막연한 이런 불안감은 온전히 당신의 탓이 절대 아닙니다. 내 힘만으로는, 우리의 노력만으로는 분명 할 수 없는 것들이 이 세상에는 존재하니까요. 그러나 언제까지나 불공평하다고 불만만 토로하면서 그저 다른 내일을 기대한다면, 어제와 다른 오늘을 살지 않고서야 나아지는 것이 과연 있을까요.

　　현상을 어떻게 바라보느냐 즉 세상을 바라보는 나의 마음과 관점이 어떠하느냐에 따라 우리 삶은 달라집니다. 특히 '부'에 대한 나의 생각이 얼마나 간절하느냐에 따라서 그 방향과 속도가 달라지기 마련이죠. 1억을 모으고 싶은 사람의 목표가 뚜렷하고 간절할 때는 그렇지 않고 물을 틀어 놓은듯 흘러가는 사람들에 비해선 확실히 결과의 차이가 납니다.

　　난 얼마를 벌고 싶지?
　　그 돈이 언제, 왜 필요하지?
　　그 돈을 가졌을 때 기분은 어떨까?

　　사실 저는 위의 세가지 생각이 다른 친구들보다 뚜렷했습니다. 20대에 1억이라는 목표를 막연하게 세우자 신기한 일이 벌어지더군요. 목표가 생기니 그 목표에 맞는 움직임이나 실행계획을 짜내게 됩니다. 물론 가계부가 그 나침반 역할을 톡톡히 해 내주기도 하고 때로는 제 시간을 돌이켜보게 만들어 준 일종의 일기장의 역할을 수행하기도 했습니다. 신기하죠? 이건 직접 써 보신 분들만이 알 것입니다. 최소한 매일 지출관리 혹은 예산관리를 해 나가는 분들이라면 아실 겁니다. 자신의(우리집의) 자산흐름을 자연스럽게 터득하게 되는 셈이죠. 여기엔 뭔가 특별한 기술이 필요하다고 생각하신다면 걱정 마시기를. 기술이라면 그저 '마음 먹기'와 '움직임' 이 두 가지뿐입니다.

예측 불가능한 삶

인생은 수많은 선택들의 합 일지도 모릅니다. 소비와 저축을 하는 것도 일종의 나의 선택일 수 있습니다. 어떻게 돈을 어디에, 얼마만큼 쓰느냐 반대로 얼마나, 언제 쓰기 위해 어떻게 모으고 불리고 굴리느냐는 선택일 수 있죠. 그런데 그 선택이라는 것도 '아는 만큼 보인다'는 속담이 통하는 것 같습니다. 즉 은행 상품만 알게 되면 은행 상품만 찾게 되고, 은행 이외의 다양한 투자 상품을 알고 있으면 또 생각과 관점과 실천력은 달라지는 법이죠.

은행 이자 2%대의 적금을 굴려서 종자돈을 만들기 시작한 A 씨가 있습니다. 똑같은 시기에 적립식 펀드에 소액으로 같은 금액을 모아서 종자돈을 만들기 시작한 B 씨가 있습니다. A 씨는 안정성을 추구했기 때문에 자신이 예상한 그 만큼의 돈을 모았습니다. 반대로 B 씨는 안정성 보다는 약간의 리스크를 떠 안고서라도 수익을 지향했습니다. 둘 중 누가 더 현명한 선택을 했을까요? 사실 정답은 없습니다. A 씨가 마냥 저금리와 안정성을 추구한다고 해서 그 성실성을 높이 살 순 있지만 반대로 그렇게 모아서는 시간이 너무 걸리기 마련이고, 반대로 B 씨 또한 단기간에 이익을 크게 내면서 목돈을 불렸다고 한들 정기적으로 자신의 자산형성 포트폴리오를 중간 중간 점검해 주지 않으면 오히려 원금을 잃고 말 수도 있습니다.

이렇게 삶은 예측 불가능 합니다. 어쩌면 예측 불능의 변수들과 통제불능의 욕망 사이에서 우리는 줄타기를 하고 있는 것일지도 모르겠습니다. 그렇지만 걱정하지 마시기 바랍니다. 우리에게 뚜렷한 목표와 가시화된 꿈이 있다면 생각은 행동에 선행하니까요. 저는 누차 이 꿈꾸는 가계부에서 '생각은 행동에 선행한다'는 메시지를 여러분께 심어드리고 싶습니다. 즉 나만의 삶의 가치관과 기준을 생각하면서 최대한 오늘이라는 시간에 덜 후회되는 선택을 계속 반복해 나간다면 행복도 조금씩 나의 곁으로 다가와 줄것이라고 믿습니다.

그럼 이번 페이지에서는 바로 그 '행복'에 대해 한번 적어볼까요. 돈을 모으는 이유가 '행복하고 싶어서'라는 대답을 막연하게 했다면 바로 그 행복에 대한 기준을 좀 더 구체적으로 생각해 보는 겁니다.

행복이란 무엇일까요 (나에게 행복이란)

행복하다고 생각한 그 일 혹은 행동에 돈이 필요한가요

필요하다고 생각하셨다면 어느 정도가 필요한가요

왜 그 정도가 필요하다고 생각했나요

경제적 자유의 첫걸음, 목표

　　대부분의 사람들은 경제적인 자유를 꿈꿉니다. 일종의 돈으로부터의 해방인 셈이겠죠? 사실 저도 마찬가지였습니다. 1억이라는 자산을 처음으로 모으고 싶다는 그 막연한 목표가 어쩌면 돈이라는 녀석을 스스로 컨트롤할 수 있게 만들고 조금이나마 제 꿈에 도움이 되는 '친구'로 작용하기를 바랐습니다. 돈에 얽매여서 하고 싶은 일을 하지 못하는 시간을 되도록이면 막고 싶었습니다. 쉽지는 않았지만 마음은 단단했습니다. 그런 마음으로 시간을 보내다보니 어느새 꾸준히 가계부를 썼고 금융상품 공부를 해 나갔습니다. 아는 것이 없으니 배워야 했고, 지겹도록 경제서나 재테크서를 찾아서 읽어보기도 했습니다. 정보들을 긁어 모아 실생활에 도움이 되는 일반인들의 작고 큰 재테크 경험수기를 보며 내 삶에 도움이 되는 것들을 실천해 나가다 보니 어느새 그것들이 모여 일종의 저만의 재무습관이 만들어졌습니다.

▌ 아는 것을 넘어선 움직임

　　　정보를 아는 것에서 그치면 그건 단순히 정보나 지식에 그치고 맙니다. 공부도 생각해 보면 해당 학문이나 기술 지식을 습득하는 것을 말하는 것일 텐데요. 알고 난 이후 내 삶에 어떻게 실천해서 더 좋은 성장과 변화로 이끌어 내는 것이 아는 것 보다 훨씬 중요하다고 생각합니다. 아무리 100개의 좋은 지식이나 정보를 알고 있더라도 한 번도 실천하지 않는다면 절대로 내 삶에서 좋은 변화를 이끌어내지는 못할 테니까요.

　　　모든 선택은 바로 '나의 의지'에서부터 나옵니다. 아무리 옆에서 '해라 해라' 한들 절대 하게 되지 않습니다. 채찍질을 통해 선행하게 되는 학습은 결국 한계가 있는 법처럼 말이죠. 스스로 자각해야 합니다. 그래야 진정한 행동이 나올 수 있어요. 가계부도 사실 그런 면에서 마찬가지입니다. 마음과 의지가 선행되지 않으면 초반 몇 장 쓰다 말 테니까요. 즉 꾸준함은 의지가 없으면 흐지부지 끝나고 맙니다.

　　　경제적 자유든 자산 축적이든 이 모든 부의 시작과 과정 그리고 결과를 이루어 내는 것들은 모두 다름 아닌 '나'로부터 나옵니다. 그러니 유명인이나 성공한 사람들의 가치관을 쉽게 답습하지 않으셨으면 좋겠습니다. 그들은 한 때 치열하게 자신의 삶과 인생의 목표와 방향성을 고민했던 사람들일테니까요. 그것을 단숨에 따라잡겠다든가 요행을 바라서는 안되겠죠.

꿈이나 목표라는 것은 내가 직접 만들고 나에게 어울려야 합니다. 내가 실천할 수 있는 가치관을 스스로 정립해 나가는 것이죠. 내 삶의 결정권을 '나'라는 사람이 아닌 다른 무엇에서도 찾지 않아야 진짜 해방이 시작됩니다.

이 페이지에서는 그런 나의 꿈과 목표를 한번 자유롭게 적어 볼까요. 단, 시간별로 한번 쪼개어 좀 더 구체적으로 상상해보고 그려 보겠습니다.

1년 후 나의 꿈 / 목표는(이루고 싶은 것들, 그리고 그 이유는)
크게 3가지 혹은 더 적어 보셔도 좋습니다

_____
_____
_____
_____
_____
_____
_____
_____
_____
_____
_____
_____
_____

그것을 이루는데 혹시 돈이 필요하다면 얼마나 들까요

5년 후 나의 꿈 / 목표는 (이루고 싶은 것들, 그리고 그 이유는)

그것을 이루는데 혹시 돈이 필요하다면 얼마나 들까요

10년 후 나의 꿈 / 목표는 (이루고 싶은 것들, 그리고 그 이유는)

그것을 이루는데 혹시 돈이 필요하다면 얼마나 들까요

20년 후 나의 꿈 / 목표는(이루고 싶은 것들, 그리고 그 이유는)

그것을 이루는데 혹시 돈이 필요하다면 얼마나 들까요

30년 후 나의 꿈 / 목표는 (이루고 싶은 것들, 그리고 그 이유는)

그것을 이루는데 혹시 돈이 필요하다면 얼마나 들까요

허기진 자유가 아닌 진정한 경제적 자유

돈을 모으기 위해 내가 좋아하는 많은 것들을 포기하면서까지 자산 형성에 성공했다고 한들 그것이 과연 행복하고 성공적인 삶이라고 할 수 있을까요. 재산이나 혹은 가진 힘으로 자신을 증명하는 건 어쩌면 가장 빈곤하고 삭막한 '나'라는 사람의 단편적인 증명일지 모릅니다.

남의 부러움을 사거나 타인에게 잘 보이려고 살고 있는 건 아닌지 한번 진지하게 생각해 보신 적이 있나요. 사실 저는 타인의 부러운 시선을 한 때 즐겼던 적이 있었습니다. 마치 수중의 가지고 있는 자산이 나라는 사람의 스펙을 대신해 주는 것 같았으니까요. 그리고 '언제 그렇게 모았어?' 라는 말이 칭찬처럼 들렸지만 점점 '내가 왜 이렇게 모으고 있지?' 라는 이상한 허기짐도 생기기 시작했습니다. 아마 소비를 다소 타이트하게 관리하다 보니 생기게 된 일종의 소비의 요요현상 같은 것이 찾아왔던것 같습니다. 그로 인해 자연스럽게 제게도 '시발비용' 이나 '탕진잼'과 같은 쓸데없는 '잔재미'에 빠진 적도 있었던 것이 사실입니다.

- **시발비용 :** 스트레스를 받아 지출하게 된 비용. 시발 비용은 비속어인 '시발'과 '비용'을 합친 단어로 '스트레스를 받지 않았으면 발생하지 않았을 비용'을 뜻하는 신조어이다.
- **탕진잼 :** 소소하게 탕진하는 재미를 일컫는 말. 재물 따위를 흥청망청 다 써서 없앤다는 뜻의 '탕진'과 재미를 뜻하는 '잼'을 합친 신조어로 소소하게 탕진하는 재미를 일컫는 말이다.

나를 바라보는 자신의 마음과 감각에 촉을 곤두세우는 편이 어쩌면 더 주체적이고 기쁜 삶이 아닐까 생각합니다. 누군가에게 보여주기 위해 어떤 옷을 살 것인가 라는 생각은 나쁘지 않지만, 옷을 사는 것보다 어떤 사람과 어떤 시간을 보낼 것인가에 더 초점을 두는 삶. 우리는 이 관점을 간과하며 살기 쉬운 것 같습니다. 예를 들어 자동차나 집을 사는 행위도 생각해 보면 얼마나 고가의 혹은 어떤 프리미엄 브랜드 차종을 가지고 있느냐, 그리고 몇 대를 보유하고 있느냐에 초점을 두는 편이 더 쉽죠. 그러나 정작 그 차를 타고 어디를 누구와 함께 가면 행복할 것인지를 생각하지 않는 것처럼 말이죠.

집 또한 마찬가지입니다. 전세든 월세든 자가든 중요한 건 '산다는 행위'인데 우리는 막연하게 '빚 없는 나의 안정된 집'만을 생각하기 쉽습니다. 물론 전세나 월세로 사는 것보다야 자기집에서 편안하게 사는 편이 좋은 건 사실이지만 중요한 건 '살아가는 시간'일텐데요. 그 살아가는 시간은 자가든 전세든 월세든 그 시간의 가치를 메길 수가 없습니다. 전셋집에서 살아도 서로 없는 살림에서 보살펴가며 사랑이 싹트는 집이 있는 반면에 번쩍거리는 팬트하우스나 대형 평수의 고급 브랜드 아파트에 살아도 가족 간에 불화가 끊임없는 집은 분명히 있으니까요.

여기서 잠깐 나 혹은 우리집이 보유하고 있는 자동차나 집, 그리고 그것을 대했던 우리들의 시각에 대해서 한번 알아 볼까요.

재미삼아 자유롭게 한번 생각해 보면 좋을 것 같습니다. 그러면 어떠한 추억 혹은 기억이 떠오르실테고 그 시간들로 인한 무언의 깨달음이 찾아올지도 모르니까요.

자동차와 나(혹은 우리집의 자동차)

차가 있나요(있다 / 없다)
_____

있다면 해당 차의 금액은 얼마나 되나요
_____

그 차를 얼마나 타셨나요. 그리고 향후 몇 년 안에 바꾸고 싶나요
_____
_____
_____
_____
_____
_____
_____

바꾸고 싶다면 그 이유는 무엇인가요

___

___

___

바꾸고 싶지 않다면 그 이유는 무엇인가요

___

___

___

현재 차가 있다면 그것을 소유함으로 인한 기회비용은 대략 얼마인가요
(**예** 자동차세, 자동차보험, 월 평균 유류비 등)

___

___

___

차를 통해서 내가 얻을 수 있었던 행복은 무엇인가요

___

___

___

___

차가 없어서 현재 생활에 불편이 있나요 (있다 / 없다)

_____
_____
_____
_____

생활에 불편이 없다면 그 이유는 무엇인가요

_____
_____
_____
_____

생활에 불편이 있다면 그 이유는 무엇인가요

_____
_____
_____
_____

불편을 해소하기 위해 앞으로 몇 년 안에 차를 구입할 생각인가요

_____
_____

집과 나(혹은 우리집에 대해)

지금 살고 있는 집의 형태는 무엇인가요(자가 / 전세 / 월세)
_____
_____

해당 집(매매가, 전세가, 월세가) 은 얼마인가요
_____
_____

지금 살고 있는 집에 대출(빚)이 있나요(있다 / 없다)
_____

집에 대한 빚(부채)이 있다면 얼마인가요
_____
_____
_____

해당 빚 상환(갚아나가기 위한) 계획이 있다면 무엇인가요
_____
_____
_____

돈이라는 것은 이처럼 경제적 자유를 줄 수도, 혹은 허기진 자유를 줄 수도 있습니다. 중요한 건 자유라는 울타리 안에서 돈을 모으고 소비함에 있어 돈이라는 물질이 우리 삶을 주도하게 해서는 안 된다는 것입니다. 돈을 소비함으로써 단순히 마음의 허기를 채우고 있는 것은 아닌지 한번쯤 되돌아볼 필요가 있습니다. 오히려 지금 열심히 가계부를 쓰고 있는 오늘 중요한 건 '돈 자체'가 아니라 그 돈으로 내 삶을 살아가는 '오늘'이라는 시간이듯이 말입니다.

나와 연결되는 모든 삶의 경험과 인연들로 내 마음 속 결핍을 채워나가야 한다는 점을 가계부에 쓰시면서 꼭 기억하셨으면 좋겠습니다. 어쩌면 그게 바로 진정한 경제적인 해방이자 자유일 테니까요.

나에게 경제적 자유란?

- 예 일년에 한 번 자유롭게 사랑하는 사람과 여행을 갈 수 있는 것
- 예 메뉴판을 봤을 때 고민하지 않고 외식을 즐길 수 있는 것
- 예 빚이 없는 우리집을 갖고 그 곳에서 건강하게 지내다가 노후를 불안 없이 보내는 것
- 예 기부를 정기적으로 할 수 있을 만큼 물리적인 경제력이 뒷받침되는 여유로운 삶

경제적 자유를 위한 경제적 독립

저는 다른 사람들보다는 일찍 경제적 독립을 한 편이었습니다. 물론 요즘은 그때의 저보다 더 일찍 독립을 하는 젊은 사람들도 종종 볼 수 있으니 제 경험이 그렇게 훌륭했다고는 할 수 없을지도 모르겠습니다만, 자신있게 말씀드릴 수 있는 것은 나의 삶의 이벤트들을 미리미리 생각하면서 스스로 자산 흐름을 관리해 나갔다는 점입니다.

그것이 제가 경제적 독립을 하기 시작한 첫 번째 단계인 바로 '삶의 로드맵 그리기'라고 볼 수 있는데요. 말이 거창하지 쉽게 풀자면 스스로 생각해서 그 생각에 맞춰 계획을 짜고 꾸준하게 움직임을 유지해 왔다는 것입니다. 거기에 언제나 가계부가 많은 도움을 준 것만은 분명합니다.

PART 3 재무 흐름 파악의 중요성

최고의 재테크, 재무관리

여러분들은 어떤 재테크를 하고 있나요? 최근에는 부동산, 주식투자, 가상화폐 투자 등 소위 '큰 돈'을 버는 투자에 대한 관심이 높은 것 같습니다. 그렇지만 저는 최고의 재테크란 바로 재무관리, 즉 내 돈의 흐름을 정확하게 파악하고 그것이 어느 방향으로 흐르는지 관리하는 것을 꼽고 싶습니다. 느리고 꾸준함이 필요한 '관리'라는 것이 사실 쉽지만은 않겠지만요.

큰 돈을 버는 투자에서 진짜 돈을 버는 사람은 극히 소수에 불과할 지 모릅니다. 설령 주위에 들리는 소문이나 한 다리 건너 이웃이 부동산이나 주식으로 큰 목돈을 단시간에 벌었다고 했을 때는 내 자신이 미련스럽게 느껴지고 좌절이나 결핍을 느낄 수도 있습니다. 내가 그 큰 돈을 버는 사람이 될 것이라는 막연한 환상이나 기대에 집착하지 않는 편이 좋을 지도 모르겠습니다. 말도 안 되는 확률에 오랜 시간 모아두었던 나의 소중한 돈을 던지는 것만큼 위험한 것은 없다는 것을 알아야 합니다.

물론 투자는 나쁘지 않습니다. 제대로 스터디하여 잘만 할 수 있다면 빨리 부자의 반열에 들게 만들어 줄 수 있는 좋은 도구입니다만, 대부분의 사람들은 매일 일터에서 당장 먹고 살기도 만만찮은데 투자를 공부하는 데 많은 시간을 쓰기란 스스로의 의지가 강하지 않는한 어려운 법입니다.

그런 의미에서 가계부를 통한 재무관리가 차라리 속 편하게 내 돈을 잘 이끌면서 헛된 곳에서 잃지 않을 확실한 방법입니다. 느리고 천천히 가더라도 초심자들은 되도록 투자보다는 이 '관리'에 집중하시는 편이 더 낫다고 생각합니다.

주식이나 부동산 투자를 하는 사람들은 흔히 '잃지만 않으면 된다'고 말합니다. 물론 재테크의 기본 원칙에 원금을 잃지 않는 것이 중요하지만 절대 돈을 잃을 일이 없는 절약과 저축이야말로 돈 관리의 정석이라고도 볼 수 있지 않을까요? 종자돈이 있어야 투자도 가능한 법이죠. 제대로 만나본 적도 없는 '투자로 큰돈을 번' 사람들의 이야기에 쉽게 흔들리지 말아야 합니다. 절약과 저축을 습관처럼 만들고 난 다음에 시간 여유가 생겼거나 수입이 늘어 투자할 여력이 생겼을 때, 그때 투자에 나서도 늦지 않습니다. 그렇게 작고 사소한 습관과 꾸준함을 만들어 주며 돈 관리의 기본이 되는 것이 저는 가계부가 아닐까 싶습니다.

▌ 지출을 관리해야 더 빨리 모아져요

저는 신입사원때부터 월급이 그렇게 많지 않았음에도 불구하고 20대에 1억을 모았던 비결(?)로는 전체 소득의 70% 이상을 꾸준히 저축했고, 그 나머지 부분의 지출을 철저히 관리함으로써 제가 목표했던 금액에 되도록 일찍 도달할 수 있었던 것 같습니다. 물론 소득이 높았다면 그만큼 더 빨리 모을 수도 있었겠죠. 그러나 신기하게도 저보다도 월급이 더 많았던 주변 사람들은 그럼에도 불구하고 저보다 더 쉽게 1억을 모으지는 못했습니다. 왜 그럴까요?

사실 소득 전체의 50%를 저축한다는 목표도 정말 쉽지 않은 일일 것입니다. 특히 4인 가족 외벌이의 경우에는 자녀를 양육하면서 유흥이나 사치하는데 쓰는 돈이 없음에도 불구하고 그렇습니다. 함부로 쓰지도 않았는데 언제나 수중엔 돈이 없다는 것, 늘 생활비가 빠듯하다는 것이 늘 걸리는 문제입니다. 우리는 이 문제를 어떻게 해결해야 할까요?

사실 이런 분들에게 흔히 가계부를 적어 보라고 권유하는 게 보편적이기는 합니다. 그런데 사실 가계부란 매일 얼마씩 썼는지 기록하고 잔액을 맞춰보는 데서 그치면 진짜 가계부의 역할을 하지 못합니다. 물론 가계부를 쓰면 돈을 어디에 썼는지 알고 허투루 쓰는 돈이 얼마인지 파악할 수 있어 지출을 줄일 수는 있습니다. 그러나 사실 가계부를 몇 번 쓰다가 중도에 포기하신 분들은 잘 아시겠지만 이게 얼마나 귀찮은 일인지 모릅니다. 특히 직장이라도 다니는 부모의 입장에서는 아이 키우랴 일 하랴 집안일 하랴 각종 대소사 챙기랴 일상이 바쁘게 흘러가는 와중에 강한 의지가 아니고서야 매일 혹은 정기적으로 가계부를 꾸준히 쓰는 게 얼마나 피곤하고 짜증나는 일인지도 압니다.

게다가 요즘은 신용카드나 체크카드 사용이 일반화되면서 돈을 쓰는 형태가 너무 다양합니다. 신용카드로, 체크카드로, 현금으로 각각 쓴 돈을 기록하고 잔액을 맞추는 것은 정말 골치 아픈 일이기도 하죠. 그럼 가계부 쓰는 것을 포기해버릴까요? 그렇지만 포기할 수 없습니다. 현명하게 나만의 방식으로 내가 최대한 덜 힘들일 수 있고 즐길 수 있는 가계부를 쓰면 됩니다.

꼼꼼하게 가계부를 써야 하는 귀찮은 일을 대폭 줄이면서도 절약할 수 있는 방법이 있습니다. 바로 미리미리 예산을 세워 쓰는 방법입니다. 제가 가계부를 쓰는 가장 기본 원칙이 바로 이 예산관리에 있습니다. '뭐야, 예산 세우는 일도 귀찮잖아'라고 생각하는 분들도 있을수도 있겠지만 예산은 한 달에 한번만 세우면 되니까 그렇게 어렵거나 복잡한 것이 아닙니다. 매월 초에 예산을 세워 각각의 항목에 대해 쓸 돈을 정해놓고 그 돈 안에서만 쓰면 되는 거죠.

매월 정기적으로 지출되는 생활비는 항목별로 구체적인 예산을 세워 소비를 해보는 겁니다. 예산을 세울 때는 매월 지출되는 돈은 비슷한 명목의 지출과 상황에 따라 달라지는 일종의 변동비로 구분하면 좋습니다. 예를 들어 관리비는 난방비가 드는 겨울과 여름에는 차이가 생기지만 대개 얼마 정도 나간다는 것을 알 수 있습니다. 교통비, 전화나 기타 통신비, 학원비, 보험료, 부모님 용돈도 마찬가지입니다. 이렇게 매월 비슷한 금액으로 반드시 써야 할 공과금성 지출은 항목별로 예산을 세운 뒤 월급을 받으면 여기에 필요한 돈을 먼저 따로 떼어 보관해 둡니다. 이러한 비탄력적인 정기 지출통장을 따로 만든 뒤, 소비해야 할 때 인출해 쓰거나 체크카드를 이용해 결제하면 편리합니다.

중요한 것은 지출항목에 연연하지 말고 매월 비슷하게 쓰는 갑자기 줄이기 힘든 돈(고정비)과 가족들의 의지에 따라 그 달 어느 정도 융통성 있게 쓸 수 있는 돈(변동비)을 구분해 통장을 관리해 나가는 것도 필요합니다. 즉 가계부 속 지출에 앞서 그 달의 예산에 맞춰 융통성 있게 조절할 수 있는 소비가 되어야 진정으로 가계부의 역할을 톡톡히 맛보실 수 있는 것입니다.

비정기적, 비자발적 지출을 위해 필요한 것이 보험과 비상금입니다. 사고와 질병에 대비해 보험 가입과 동시에 갑작스런 지출에 대비해 반드시 비상금 통장을 따로 마련해 두어 예산을 비축해 두기도 합니다. 저는 비상금 통장에는 한 달 반에서 세 달치 정도의 월급을 모아 두곤 하는데 이렇게 예산을 세워 지출을 관리하면 새는 돈을 줄이고 충동구매를 피할 수 있습니다.

이 책의 '실전'편에서는 예산 페이지가 있으니 꼭 한번 작성하여 활용해 보시기 바랍니다. 지출만 적는 것이 아니라 예산 안에서의 지출을 '관리'해 나가는 것입니다. 소비가 나쁜 것이 절대 아닙니다. 얼마든지 나의 목적 하에 나를 비롯한 타인을 위한 선한 소비와 지출은 '그뤠잇'일테니까요.

가계부를 대하는 마음

제의 가계부를 쓰기(관리하기) 마인드는 다음과 같은 큰 틀에서 움직이기 시작했습니다.

시간의 흐름에 맞춰
삶의 이벤트를 그려보고
그에 맞춘 재무목표를 세우고
그 목표에 맞는 계획들을 생각해서
그 계획들을 위해
내가 지금
그리고 앞으로 해낼 수 있고
해내고 싶은 행동들을 적었습니다.

가계부에는
일별 / 주별 / 월별 소비를 적고
해당 소비의 흐름을 관리 / 분류 했으며
월별 예산에 맞춘 소비를 하려고 노력했습니다.
목표 금액이 달성되면
스스로를 위한
자축 이벤트를 시행했으며
그로 인한 달성과 성공의 기쁨을
충분히 만끽했습니다.

가계부는 굉장히 단순한 작은 습관에 불과할 수 있습니다. 그러나 이 단조로운 습관이 시간이라는 친구와 만나면 걷잡을 수 없는 큰 힘을 갖습니다. 이 작은 습관들은 시간이라는 꾸준함이 더해져 누군가에게는 대출없는 우리집에서 그동안 꿈꾸어 왔던 책을 내기 위해 원고를 써 내려가는 장면을 현실로 끌어 당겨 왔으니 말이죠. 물론 온전히 혼자만의 힘으로 이루어낸 것은 아니었습니다. 세상의 모든 이치가 그러하듯 나 혼자 잘나서 된 것은 없을테니까요. 건강한 부모님이 계셨고, 다행히 그들의 검소하고 소박한 삶을 보고 배운 덕분에 가능했을지도 모르겠습니다. 다만 그런 환경조차 넘어서서 가장 중요했던 것은 바로 나의 '절실함'과 '의지'가 아니었나 싶습니다.

헬리콥터맘 혹은 캥거루족이라는 신조어가 있습니다. 성인이 다 된 자식에게 여전히 집착하는 부모 혹은 성인이 되어서도 독립하지 못하는 자식을 일컸는 대명사를 뜻하는데요. 그러나 단지 이것은 경제적인 독립을 하지 못한 자녀들의 문제에 그치지 않는 것 같습니다. 어쩌면 자기 문제를 스스로 해결하지 못하고 주변 사람들의 생각과 선택에 의존하는 현상이라고 볼 수 있습니다. 그런 사람이야말로 평생 자기 자신이 되지 못할지도 모릅니다. 더욱 무서운 것은 자신의 일을 모두가 대신해서 처리해주니까 겉으로는 엄청난 권력자처럼 보이지만 정작 자신의 일을 스스로 해내지 못하는 꼭두각시에 불과한 셈이죠. 갑의 위치에 있지만 을보다도 못한 사람들이 이 세상에는 너무 많은 것 같습니다.

다행히도 스스로의 삶의 기준과 타인에 대한 이타심으로 가득한 우리들은 하물며 가계부까지 쓰고 있으니 분명 잘 되시리라 믿습니다. 자, 그러면 이제 우리 지금부터 이 순간에 집중해서 구체적인 계획을 한번 세워볼까요. 오늘부터 이 꿈꾸는 가계부와 1일 연예에 빠져 되도록 긍정적인 생각을 하면서 즐겁게 써 내려가 보시면 좋겠습니다.

▌ 돈 관리의 슬럼프에 빠졌을 때

　　　재테크나 돈 관리를 하다가 우울감이 느껴지는 슬럼프가 올 때가 있습니다. 항상 긍정적인 생각을 하며 에너지가 넘치기만 할 수는 없으니까요. 실수도 하고 좌절도 하며 슬럼프를 겪는 것은 어쩌면 아주 자연스러운 일입니다. 그럴 때는 사실 아무것도 안하는 것이 최고일지도 모릅니다. 몸과 마음이 힘들 때는 지혜로운 결정이나 판단을 내리기 어려우니까요. 무슨 일을 하더라도 평소에 하지 않던 실수를 할 가능성이 크다는 뜻이기도 합니다. 마음의 공허함이나 허기진 심리 상태를 채우기 위해 소위 탕진잼이나 시발비용같이 불필요한 것들을 충동적으로 사기도 합니다. 돈 관리에 슬럼프가 온다는 것은 돈 관리뿐만 아니라 다른 일에도 의욕이 떨어지기 쉬운 시기인 것입니다.

　　　이럴 때는 내 마음부터 돌볼 수 있어야 합니다. 사실 돈은 심리와 아주 밀접한 관계가 있어서 돈 관리 자체가 힘든 것이 아니라 힘들다고 느끼는 내 마음에 어떤 문제가 생긴 것은 아닐지 생각해 보아야 합니다. 이럴 때는 차라리 그러한 마음을 위해서 나를 위한 정당한 소비를 하는 것이 좋습니다. 때론 친구도 만나고, 영화를 보거나, 책을 읽어도 좋습니다. 사랑하는 사람과 맛있는 것도 먹고, 혼자 산책을 하거나, 가족들과 마음을 비우고 신나게 근교 나들이를 가는 등 각자의 방식으로 내 마음을 위로해 줄 시간이 필요합니다. 그래야 내가 무엇 때문에 힘든지 알게 됩니다. 문제가 생겼을 때는 원인을 생각해야지 문제때문에 계획이 어긋

나지 않도록 스스로를 몰아 붙이거나 닦달하지 말았으면 좋겠습니다. 그것이 돈 관리의 슬럼프에서 건강하게 벗어날 수 있는 방법이라고 저는 생각합니다.

슬럼프를 이겨내는 나만의 방법들

부자 되는 긍정 확언

마음의 풍요를 쌓아서 비로소 부를 이루는 방법도 있습니다. 절대 거창한 건 아니고, 아주 단순하면서도 지극히 일상적인 생각의 습관입니다. 바로 긍정적인 확언과 생각을 훈련시키는 것입니다. 이외로 돈과 소비는 나의 심리적인 상태와도 밀접한 영향을 미칩니다. 그렇다면 지금부터 잠깐 부자되는 긍정 확언 다섯가지를 한번 살펴볼까요.

1. <u>지금 이미 풍요로워지기 시작했고 부는 나를, 그리고 나는 부를 사랑하기 시작했다.</u>

현실에서 일어난 원치 않은 일에 집중하거나 이미 지나간 일을 이야기하기 보다는 미래에 바라는 나의 삶을 생각해 보는 것이 더 효율적이고 생산적일 수도 있습니다. 이미 지나간 일을 되돌릴 수는 없을 테니까요. 현재가 중요하고 그 현재가 모여서 내일을 만드는 것처럼요. 금전적인 풍요로움도 마찬가지겠지요. 여러분의 현재 재정 상태에서 결핍(부족함)을 생각하는 것에 집중하기 보다는 차라리 내가 이만큼의 노력을 해서 얼마만큼의 풍요를 누리며 살게 될 지를 상상해 보는 거예요. 되도록이면 '긍정'이라는 감정에 초점을 맞추어 바라보게 되면 '부정'은 어느새 조금씩 사라지면서 마음에서 연습하려던 그 '긍정'은 더욱 커지게 됩니다.

생각하면 긍정적이 되는 것들(인물이든, 사물이든, 음식이든, 배경이든 상관없습니다. 자유롭게 써 보세요)

2. 좋아하는 일과 하고 싶은 일, 해야 할 일과 하고 싶지 않은 일을 구분할 줄 아는 나의 삶은 풍요롭습니다.

좋아하는 일을 하면서 돈을 버는 것만큼 기쁘고 즐거운 일은 없을 것입니다. 누구나 소원하듯이 말이죠. 그러나 쉽진 않습니다. 돈이라는 것을 버는 이유가 어쩌면 하고 싶지 않은 일을 피하고 싶어서는 아닐까요. 돈을 통해서 그 불안감을 해소시키려는 이유가 있을지도 모르죠. 그러나 좋아하는 일을 한다고 해서 돈이 따라온다는 보장도 없습니다. 여기에는 사실 정답이 없습니다. 다만 스스로 나의 행동 혹은 나의 직업, 나의 일터에서 좋아하는 일과 하고 싶은 일, 해야할 일과 하고 싶지 않은 일을 되도록 선명하게 구분지으면서 나의 행동을 스스로 컨트롤하고 좀 더 에너지를 집중시키고자 하는 것입니다. 자산을 배분한다고 흔히 표현하듯, 감정 또한 분산 투자해 보는 느낌으로 말이죠. 되도록 기쁨이나 즐거움, 편안함의 감정이 적절히 분산되도록 나의 에너지를 쏟아 부어 본다면 분명 정신적인 풍요로움과 더불어 그것이 바탕이 되어 경제적인 풍요로도 연결될 수도 있지 않을까요.

내가 좋아하는 일

내가 하고 싶은 일

내가 해야 할 일

내가 하고 싶지 않은 일

3. <u>적절한 타이밍에 내게 기회가 다가올 거예요.</u>

    절실하게 바라거나 소원했던 어떤 과업들을 위해 열심히 노력했지만 뜻대로 되지 않았을 때, 우리는 좌절이라는 감정을 경험하게 됩니다. 그렇지만 이렇게 생각해 보시는 건 어떨까요. 모든 일에는 그 일이 이루어질 만한 적절한 때가 분명 다가온다는 것을 말입니다. 속된 말로 사랑은 타이밍이라고도 하죠. 어쩌면 부유나 부자가 되는 것도 지금의 노력과 작은 습관들의 반복이 좋은 타이밍이 되어 내게 행운으로 다가올지도 모를 일입니다. 나에게 꼭 필요한 때와 적절한 시점이라는 건 바로 그 일을 해낼 수 있는 준비가 되어 있는 사람에게나 오는 법처럼 말이죠.

시간별로 내가 원하는 삶의 과업들(20대~70대)

_____
_____
_____
_____
_____
_____
_____
_____
_____

4. 한계나 장벽을 생각하지 마세요. 그냥 자유롭게 열려 있어 보세요

난 부자가 아니어서, 그 돈이 없어서, 내 능력이 부족해서 그 일을 하지 못하거나 그 꿈을 이루지 못할 것이라는 생각을 무의식중, 은연중에라도 스치듯 생각해 보신 적이 혹시 없으신가요. 물론 부족한 현실을 정확하게 파악하는 것은 좋은 일이지만 더 중요한 것은 그것을 딛고 어떻게 해결을 하며 한계를 뛰어 넘을 것인가를 끊임없이 강구해 나가는 의지를 갖게 하는 것이 더 의미 있는 일일 것 같습니다.

한계를 만들어 내는 건 누구일까요. 남이 아닌 나 자신일 것입니다. 물론 남들의 질타나 판단은 우리를 좌절시키기도 합니다. 그것이 설령 가족이라도 말입니다. 특히 돈이라는 것이 연결되면 가족도 예외는 없습니다. 그렇다면 우리는 우리 자신을 좌절시키고 굴복시키려는 어두운 생각의 거짓말들로부터 속지 않을 자세를 단단히 갖추어야 합니다. 생각은 내 자신의 것이라기 보다는 어쩌면 스치고 지나가는 의식에 불과할 뿐일 테니까요. 부를 다루는 것도 마찬가지이고 이 마인드셋은 어쩌면 참 중요합니다. 부자가 되고 싶다는 소망이나 간절함이 진실된 것이라면 한계를 생각하기 이전에 지금 당장 해나가고자 하는 열의가 더 불타오를 수 있을테니까요. 그저 믿고, 생각하고, 그 생각이 행동에 선행할 수 있다면 결국 이룰 수 있을 것입니다.

나의 버킷리스트 10가지(자유롭게 한번 써 보세요)

5. 시간과 돈으로부터의 자유를 그려 보세요

　　　시간이나 돈을 단순히 소비하는 것이 아니라 그것을 더 편안하고 자유롭게 느끼기 시작하면 어떤 기적같은 행운이나 기회가 찾아올지도 모릅니다. 나를 위한 문이 열리고, 나를 도울 사람들이 나타나고, 참신하고 생산적인 어떤 아이디어들이 떠오를지도 모르죠. 나는 시간과 돈으로부터 자유롭다는 말을 매일 아침 상상하면서 시작해 볼까요. 비록 지금은 늘 시간이 촉박하고 돈에서 그닥 자유를 누리지 못하는 삶을 살고 있을지언정 시간적인 여유과 풍요로운 삶이 나와 함께 했을 때의 감정을 잠깐이라도 생각해 보는 겁니다. 그 생각으로 인한 감정은 긍정적이고 기분 좋은 것을 상상하게 만들 것이고 그로 인해 기분좋은 하루가 시작될지도 모를 테니까요. 그리고 기억해 주세요. 기분좋은 하루의 시작과 반갑고 상냥한 나의 목소리들은 나비 효과가 되어 다시 고스란히 나에게 행운을 가져다 줄지도 모른다는 것을.

당신은 어떤 말을 들으면 기분이 좋아지나요

_____
_____
_____
_____
_____
_____

부자가 되는 심리학

혹시 돈 때문에 하고 싶은 일을 못하고 있나요. 대부분의 사람들은 돈 이야기를 할 때 불편해 합니다. 돈 이야기를 내가 아닌 타인(심지어는 가족이라 하더라도)에게 말하는 것은 일종의 금기와 같다는 느낌 때문일텐데요. 왜 그럴까요. 우리 문화에서 돈이라는 것은 대체로 동전이나 지폐와 같은 차원을 훨씬 뛰어넘는 것이기 때문일지도 모르겠습니다.

'머니 하모니'라는 말이 있습니다. 이 말은 돈을 대하는 심리적 평온의 상태를 말하는데요. 지금보다 돈이 더 많아지든 적어지든 간에 내면의 '머니 하모니'가 이루어져야만 비로소 삶의 만족감과 성취감을 느낄 수 있다고 합니다. 다시 말하자면 돈이라는 것이 삶 속에서 조화를 이루어 모자라지도 넘치지도 않은 상태를 유지하며 재정적인 불확실성에서 벗어나 일종의 편안하게 자유로울 수 있는 권리를 말하는 것이지요. 말 그대로 삶 속에서 각자의 리듬과 하모니에 맞춰 움직이게 만드는 것입니다.

이 문장을 한번 만들어 볼까요

돈이 내 인생의 전부인가요(맞다 / 아니다)

_____

_____

_____

'맞다'고 했다면 그 이유는

_____
_____
_____

'아니다'라고 했다면 그 이유는

_____
_____
_____

나는 지금 잘 살고 있나요 (그렇다 / 그렇지 않다)
_____

'그렇다'고 했다면 그 이유는

_____
_____
_____
_____

'그렇지 않다'고 했다면 그 이유는

_____
_____
_____
_____

저도 그렇지만, 여러분의 삶에서 돈이 중요하기는 하나 그것 자체가 전부는 분명 아닐 거예요. 사실 가난해 보면 알 수 있습니다. 아이러니하지만 돈의 소중함은 결핍을 느끼기 시작하면서 싹트기도 하니까요. 돈이라는 것이 절대 행복과 만족의 주요 목적이나 원동력 그 자체가 되는 것도 사실 위험합니다. 이 사실을 인식하지 못한 채 그저 돈을 더 많이 모아야 한다는 압박감을 가지고 있다면 아무리 부자의 위치에 오른들 무슨 의미가 있을까요. 행복에 대한 집착으로 인해 행복이 사라지기도 하는 것처럼 말입니다.

주변을 돌아보면 부와 지위를 이용해 권력을 휘두르는 사람들이 눈에 띕니다. 돈은 확실히 부유한 사람들에게 힘을 주는 것 같습니다. 물론 긍정적인 면에서 볼 때는 돈 덕분에 더 많은 선택을 할 수 있습니다. 예컨대 돈 덕분에 여행을 할 수 있고, 근사한 집에서 살 수 있고, 좋은 음식을 먹을 수 있고, 더 나은 의료 혜택을 받을 수 있습니다. 물론 이런 선택을 할 수 있는 능력은 일종의 힘이기도 합니다. 하지만 돈이 곧 그것들을 가진 힘이라고만 하기에는 삶은 더 큰 보이지 않는 선한 가치들이 존재합니다. 돈이 그 가치들을 보이지 않게 만들어 주기도 하지만요. 그러니 진짜 가치 있는 삶을 살고 자신의 목표를 달성하며, 나 이외의 다른 약한 이들을 돌볼 줄도 아는 따뜻한 인간관계를 유지하기 위해서는 돈 말고 어떤 요소들이 필요할지 한번쯤 생각해 보는 건 어떨까요.

돈 이외에 내가 소중하게 생각하는 가치들(크게 5가지)과 그 이유

_____
_____
_____
_____
_____
_____
_____
_____
_____
_____
_____

　　여기까지 글을 읽으시고 또 써내려가시느라 정말 수고하셨습니다. 이제는 실전입니다. 직접 당신의 손 끝 감각을 이용하여 직접 가계부를 비롯한 라이프 플랜을 한번 작성해 보겠습니다. 시작은 어렵지만 그 시작이 반입니다. 부디 하루, 일주일, 한 달이 지나고 다시 무사히 90일이 되었을 때 지금보다 당신이 더 성장하고 더 큰 기쁜 일들이 많이 생겼으면 좋겠습니다.
행운을 빌게요.

PART 4 셀프 재무 다이어리

총 자산 현황표 (년   월)

총 보유 자산액 :   원

통장현황		기타 보유자산	
은행명	보유금액	종류	보유금액

월 생활계획 (년   월)

월 소비금액 :   원

고정비(이번달 정기 지출)		변동비(이번달 부가지출)	
항목	금액	항목	금액

● **월간 계획** (년   월)

이달의 할일	MON	TUE	WED	THU

FRI	SAT	SUN

이달의 목표

-
-
-
-

● **이 달의 나를 위한 응원 한마디** (년   월)

MON	TUE	WED	THU	FRI

SAT	SUN

이 달에 달라진 나의 변화

-
-
-
-

● 주간 지출 (년 월)

일 월요일		일 화요일		일 수요일		일 목요일	
수입내역							
합계		합계		합계		합계	
지출내역							
합계		합계		합계		합계	

일 금요일	일 토요일	일 일요일	월　　주
수입내역			일주일 수입 합계
합계	합계	합계	합계
지출내역			일주일 지출 합계
합계	합계	합계	합계

● 주간 지출 (년 월)

일 월요일		일 화요일		일 수요일		일 목요일	
수입내역							
합계		합계		합계		합계	
지출내역							
합계		합계		합계		합계	

금요일	토요일	일요일	월 주
수입내역			일주일 수입 합계
합계	합계	합계	합계
지출내역			일주일 지출 합계
합계	합계	합계	합계

● 주간 지출 (년   월)

일 월요일	일 화요일	일 수요일	일 목요일
수입내역			
합계	합계	합계	합계
지출내역			
합계	합계	합계	합계

일 금요일		일 토요일		일 일요일		월 주	
수입내역						일주일 수입 합계	
합계		합계		합계		합계	
지출내역						일주일 지출 합계	
합계		합계		합계		합계	

● 주간 지출 (년   월)

일 월요일	일 화요일	일 수요일	일 목요일
수입내역			
합계	합계	합계	합계
지출내역			
합계	합계	합계	합계

일 금요일	일 토요일	일 일요일	월 주
수입내역			일주일 수입 합계
합계	합계	합계	합계
지출내역			일주일 지출 합계
합계	합계	합계	합계

● 주간 지출 (년   월)

일 월요일	일 화요일	일 수요일	일 목요일
수입내역			
합계	합계	합계	합계
지출내역			
합계	합계	합계	합계

일 금요일		일 토요일		일 일요일		월 주	
수입내역						일주일 수입 합계	
합계		합계		합계		합계	
지출내역						일주일 지출 합계	
합계		합계		합계		합계	

한 달 습관 (년   월)

목표 LIST	1	2	3	4	5	6	7	8	9	10	11

12	13	14	15	16	17	18	19	20	21	22	23	24	25	26	27	28	29	30	31

총 자산 현황표 (년   월)

총 보유 자산액 :   원

통장현황		기타 보유자산	
은행명	보유금액	종류	보유금액

월 생활계획 (년   월)

월 소비금액 :   원

고정비(이번달 정기 지출)		변동비(이번달 부가지출)	
항목	금액	항목	금액

● 월간 계획 (년 월)

이달의 할일	MON	TUE	WED	THU

FRI	SAT	SUN

이달의 목표

● 이 달의 나를 위한 응원 한마디 (년   월)

MON	TUE	WED	THU	FRI

SAT	SUN

이 달에 달라진 나의 변화

-
-
-
-

● 주간 지출 (년   월)

일 월요일		일 화요일		일 수요일		일 목요일	
수입내역							
합계		합계		합계		합계	
지출내역							
합계		합계		합계		합계	

일 금요일	일 토요일	일 일요일	월 주
수입내역			일주일 수입 합계
합계	합계	합계	합계
지출내역			일주일 지출 합계
합계	합계	합계	합계

● 주간 지출 (년   월)

일 월요일	일 화요일	일 수요일	일 목요일
수입내역			
합계	합계	합계	합계
지출내역			
합계	합계	합계	합계

일 금요일	일 토요일	일 일요일	월 주
수입내역			일주일 수입 합계
합계	합계	합계	합계
지출내역			일주일 지출 합계
합계	합계	합계	합계

● 주간 지출 (년   월)

일 월요일		일 화요일		일 수요일		일 목요일	
수입내역							
합계		합계		합계		합계	
지출내역							
합계		합계		합계		합계	

일 금요일	일 토요일	일 일요일	월 주
수입내역			일주일 수입 합계
합계	합계	합계	합계
지출내역			일주일 지출 합계
합계	합계	합계	합계

● 주간 지출 (년   월)

일 월요일	일 화요일	일 수요일	일 목요일
수입내역			
합계	합계	합계	합계
지출내역			
합계	합계	합계	합계

일 금요일	일 토요일	일 일요일	월 주
수입내역			일주일 수입 합계
합계	합계	합계	합계
지출내역			일주일 지출 합계
합계	합계	합계	합계

● 주간 지출 (년   월)

일 월요일	일 화요일	일 수요일	일 목요일
수입내역			
합계	합계	합계	합계
지출내역			
합계	합계	합계	합계

일 금요일		일 토요일		일 일요일		월 주	
수입내역						일주일 수입 합계	
합계		합계		합계		합계	
지출내역						일주일 지출 합계	
합계		합계		합계		합계	

한 달 습관 (년 월)

목표 LIST	1	2	3	4	5	6	7	8	9	10	11

12	13	14	15	16	17	18	19	20	21	22	23	24	25	26	27	28	29	30	31

총 자산 현황표 (년   월)

총 보유 자산액 :   원

통장현황		기타 보유자산	
은행명	보유금액	종류	보유금액

월 생활계획 (년   월)

월 소비금액 :   원

고정비(이번달 정기 지출)		변동비(이번달 부가지출)	
항목	금액	항목	금액

● 월간 계획 (년   월)

이달의 할일	MON	TUE	WED	THU

FRI	SAT	SUN

이달의 목표

-
-
-
-

● 이 달의 나를 위한 응원 한마디 (년   월)

MON	TUE	WED	THU	FRI

SAT	SUN

이 달에 달라진 나의 변화

-
-
-
-

● 주간 지출 (　년　　월)

일 월요일		일 화요일		일 수요일		일 목요일	
수입내역							
합계		합계		합계		합계	
지출내역							
합계		합계		합계		합계	

일 금요일	일 토요일	일 일요일	월 주
수입내역			일주일 수입 합계
합계	합계	합계	합계
지출내역			일주일 지출 합계
합계	합계	합계	합계

● 주간 지출 (년 월)

일 월요일		일 화요일		일 수요일		일 목요일	
수입내역							
합계		합계		합계		합계	
지출내역							
합계		합계		합계		합계	

일 금요일	일 토요일	일 일요일	월　　주
수입내역			일주일 수입 합계
합계	합계	합계	합계
지출내역			일주일 지출 합계
합계	합계	합계	합계

● 주간 지출 (년 월)

일 월요일	일 화요일	일 수요일	일 목요일
수입내역			
합계	합계	합계	합계
지출내역			
합계	합계	합계	합계

일 금요일		일 토요일		일 일요일		월 주	
수입내역						일주일 수입 합계	
합계		합계		합계		합계	
지출내역						일주일 지출 합계	
합계		합계		합계		합계	

주간 지출 (년   월)

일 월요일		일 화요일		일 수요일		일 목요일	
수입내역							
합계		합계		합계		합계	
지출내역							
합계		합계		합계		합계	

일 금요일		일 토요일		일 일요일		월 주	
수입내역						일주일 수입 합계	
합계		합계		합계		합계	
지출내역						일주일 지출 합계	
합계		합계		합계		합계	

● 주간 지출 (년   월)

일 월요일	일 화요일	일 수요일	일 목요일
수입내역			
합계	합계	합계	합계
지출내역			
합계	합계	합계	합계

일 금요일	일 토요일	일 일요일	월 주
수입내역			일주일 수입 합계
합계	합계	합계	합계
지출내역			일주일 지출 합계
합계	합계	합계	합계

한 달 습관 (년   월)

목표 LIST	1	2	3	4	5	6	7	8	9	10	11

12	13	14	15	16	17	18	19	20	21	22	23	24	25	26	27	28	29	30	31

PART 5

재테크 그뤠잇 꿀팁

1. 부자가 되고 싶으면 오늘 당장 가계부를 쓰자

내가 상담이나 강의를 할 때 꼭 하는 이야기가 있다.
"많이 번다고 저축을 많이 하는 것도 아니고 적게 번다고 저축을 적게 하는 것이 아니다. 잘 쓰는 사람이 저축을 많이 한다. 물론 돈을 많이 버는 사람들이 잘 쓰기까지 한다면 적게 버는 사람보다 훨씬 저축을 많이 할 수 있다." 1,000만원을 벌어 950만원을 쓰고 50만원을 저축하는 사람이 있는 반면에 150만원을 벌어 50만원을 쓰고 100만원을 저축하는 사람도 있다. 즉 저축액의 차이는 쓰는 것에 달려있다.

월 50만원씩 연 2% 이율을 주는 1년 만기 정기적금에 가입했다고 가정해보자. 1년 후 원금은 600만원인데 이자는 얼마나 될까. 이자소득세 15.4%를 떼면 54,990원이다. 50만원씩 1년 동안 저축하기는 어려워도 54,990원을 쓰려고 1년 동안 고민할 필요는 없다. 지금 당장 인터넷 쇼핑몰에 들어가서 클릭 몇 번으로 옷 하나만 주문하면 될 정도이다. 이것이 재테크 수익률에 앞서 잘 쓰는 습관을 먼저 들여야 하는 이유인 것이다. 이 글을 읽으면서 50만원씩 1년 동안 저축하는 것이 뭐가 어렵냐고 생각하는 사람도 있을 것이다. 급여와 씀씀이가 사람마다 다르기 때문에 월 50만원이라는 저축은 어떤 이에게는 쉬울 수도 있고 또 어떤 이에게는 어려울 수도 있다. 이럴 경우에 이 50만원을 조금 노력해야 저축할 수 있는 금액으로 바꿔놓고 생각해보면 된다.

잘 쓴다는 것이 꼭 많이 쓴다는 것을 의미하지 않는다는 것쯤은 다들 알것이라고 생각한다. 선택적인 소비를 통한 현명한 지출습관을 가져야 한다는 의미이다. 상담할 때 가끔 이런 이야기도 한다. "욜로라이프를 추구하면 재무적으로 망하는 것이다. 그렇다고 지금이 미래를 위해 먹을 것 안 먹고 입을 것 안 입었던 할머니 할아버지가 살았던 시대도 아니다. 살아 보니 시기마다 그때하면 좋을 것들이 있더라. 꼭 해야 할 것은 주저하지 말고 하되 그렇지 않은 것은 아껴야 한다. 불필요한 것들을 지출하지 않고 아껴야 나중에 하고 싶은 것들을 마음껏 할 수 있다."

재테크 책이나 인터넷에 떠도는 정보들을 읽다보면 "저축을 먼저 하고 남은 돈을 쓰라"는 조언이 꽤 많이 돌아다닌다. 이말은 50%는 맞고 50%는 틀린 말이다. 내가 평소에 얼마를 쓰는지 알아야 합리적인 저축액을 정할 수 있다. 무리한 다이어트에만 요요현상이 있는 것이 아니라 재테크에도 요요현상이 있다. 요요현상이 오면 다이어트나 재테크를 아예 하지 않는 것만도 못한 결과가 나오는 것을 주변에서 흔히 볼 수 있다. 현재 80kg나 나가는 사람이 이제부터 안 먹고 오로지 굶어서 한 달 만에 20kg를 감량하겠는 무모한 도전을 선언하거나 기본 생활비도 없으면서 무작정 급여의 70%는 반드시 저축하겠다는 대책없는 결심을 하는 사람이라면 목표를 달성할 확률보다 실패할 확률이 높다. 설사 한두 달은 굶으면서 다이어트를 하거나, 아무것도 쓰지 않고 일정기간 저축에 몰두할 수 있을지는 몰라도 지속적으로 그 목표를 달성하기는 불가능하다. 인생은 100m 달리기가 아니라 42.195km 마라톤이다. 그것도 마라톤을 한 번 뛰어 끝나는 것이 아니라 여러 번을 반복적으로 뛰어야 하므로 오래오래 지속할 수 있어야 성공할 수 있다.

무리하지 않으면서 누구나 손쉽게 할 수 있는 저축액은 급여의 몇 %정도일까. 그것은 사람마다 다 다르다. 각자가 급여도 다르고, 주거 여건도 다르고, 선호하는 지출 항목도 다르기 때문이다. 몇 %라고 먼저 목표를 정하지 말고 나에게는 몇%가 가장 적당한지를 먼저 파악하는 것이 중요하다. 그러기 위해서 먼저 내년 1월 1일부터가 아니라 지금 당장 가계부부터 꺼내 쓰기 시작해야 한다. 그래야 내가 현재 얼마나 쓰는지, 어떤 지출을 줄일 수 있는지, 얼마나 줄일 수 있는지를 알 수 있는 것이다. 그래야 이상적이면서도 합리적인 저축액도 도출해 낼 수 있다. 그리고 나면 내 급여의 70%를 저축하는 게 합리적인 것인지 아니면 50%나 30%를 하는 것이 맞는지 짐작할 수 있다. 급여의 몇 %라는 수치에 너무 연연하지 말고 계속 강조하지만 얼마나 오래 지속할 수 있을지에 초점을 맞추자. 상황에 따라서는 다소 무리한 계획이 될 수도 있지만 일단 비상사태를 선포하고 단기적으로 지출을 통제하고 저축을 늘릴 수는 있다. 그렇지만 그런 결심을 했더라도 기간을 너무 오래 잡지는 말자.

주변에 보면 흔히들 가계부를 쓰는 시점을 새해 1월부터 잡는 사람들이 많다. 새해는 아무래도 새로운 것을 시도하겠다고 마음먹기 좋은 시기인 것은 맞다. 하지만 올 1월부터 지키겠다고 결심한 목표들을 지금껏 잘 지키고 있는 사람들은 그리 많지 않다. 3일 만에 포기한 사람들도 많고, 다시 마음을 다잡아 결심을 하고 또 다시 포기하기를 반복하고 있는 사람들을 우리는 주변에서 흔하게 볼 수 있다.

혹시 이 책을 1월 1일에 읽는 독자라면 가계부쓰기를 목표로 삼아 실천하기에는 더할 나위 없이 좋겠지단, 만약 12월중순이라면 새해 1월까지 굳이 기다릴 필요는 없다. 또 며칠이 지나 가계부를 쓰겠다는 의지가 갑자기 연기처럼 사라져 버릴 수도 있으니까. 지금 마음먹었다면 바로 실천하는 것이 가장 효과적이다. 그래서 이 책에 실려 있는 가계부는 연월일 표시가 없다. 오늘 마음먹은 결심이 시간이 지나면서 절대 사라지지 않도록 오늘 당장 쓸 수 있도록 만들었다. 오늘부터 가계부를 쓰기 시작하면 3개월쯤 후부터에는 자신의 지출습관을 대략적으로 파악할 수 있다. 아낄 것은 아끼고 절대 포기할 수 없는 지출은 마음 편히 쓸 수 있도록 예산을 잡으면 된다. 그날이 오면 과연 내가 지금 얼마나 저축할 수 있는지 냉정하게 파악할 수 있게 될 것이다. 합리적인 저축액을 정하고 그때부터 저축부터 하고 남는 돈을 쓰도록 하자. 월급날이 오기 전에 쓸 돈이 똑 떨어졌다면 월급을 받을 때까지 쓰지 않는 습관도 들여 보자. 그렇게만 한다면 당신은 멀지 않은 미래에 큰 부자는 아니더라도 돈 때문에 고민하지 않아도 되는 작은 부자는 되어 있을 것이다.

2. 소비할 때마다 고통을 느끼게 하는 지출 통제시스템부터 만들어라

대게의 내담자들은 좋은 투자 상품이나 수익률 높은 금융상품에 관심이 있다. 그런데 내가 오랜 기간 동안 재무상담을 하면서 점점 확신이 드는 것 하나가 돈을 모으기 위해서는 반드시 선행되어야 할 중요한 포인트가 있다는 것이다. 좋은 투자 상품이나 수익률 높은 금융상품을 찾기에 앞서 지출을 잘 관리하는 것이 먼저라는 것이다. 다시 말해 잘 쓰는 것이 중요하다. 잘 쓴다는 것이 반드시 많이 쓴다는 것을 의미하는 것은 아니다. 꼭 필요한 소비는 주저하거나 인내하지 말고 바로 하되 불필요하거나 당장 필요하지 않은 소비는 통제하자는 의미이다.

쾌락과 고민과 고통을 동시에 느끼게 하는 신비한 소비의 세계

미국 스탠포드대학의 브라이언 넛슨 연구팀은 물건을 구입할 때 우리의 뇌 속에 어떤 일이 벌어지는지 자기공명영상장치를 이용하여 실험을 하고 그 결과를 발표하였다. 실험 결과에 따르면 우리의 뇌는 좋아하는 제품을 보는 순간 쾌락을 느끼는 중추가 강력하게 활성화된다. 그것은 사랑하는 사람과 함께 있으면서 느끼는 행복의 수준 정도라고 한다. 이어서 가격을 확인하게 되는데 그 순간 애매모호함을 느끼는 중추가 활성화되면서 고민을 한다. 마지막으로 결제할 순간이 다가오면 고통을 느끼는 중추가 활성화되면서 고통을 느끼게 된다. 그 고통은 칼에 베이거나 불에 데

일 때 느끼는 고통의 수준과 비슷한 정도라고 한다. 매번 소비할 때마다 좋아하는 제품을 볼 때의 쾌락이 구입을 결정하고 결제하는 순간이 되면 고통으로 바뀌는 신기한 경험을 하게 된다.

고통스러운 순간을 지연시키고 고통의 횟수를 줄여 소비 무감각을 유도하는 신용카드

　　　물건을 파는 기업들은 당연히 이러한 소비자의 뇌의 변화에 주목한다. 소비자들을 상대로 좀더 많은 물건을 팔아서 돈을 벌어들이려면 결제를 할 때마다 느끼는 극심한 고통을 둔감하게 만들거나 그 고통을 감소시키는 방법을 찾아내야만 하는 것이다. 흔히 사용하는 신용카드가 바로 그 고민의 산물로 탄생했다. 일단 소비자들이 지갑속에 돈을 넣고 다니지 않아도 되게 되었다. 돈이 없어도 신용만 잘 유지한다면 결제에 대한 극심한 고통을 느끼지 않으면서 언제 어디서든 자신이 좋아하는 것들을 마음편히 자유롭게 구입할 수 있다. 어느새 물건을 구입할 때마다 느끼던 고통은 점차 사라지고 고통의 횟수도 한 달에 한 번 정도만 짧고 굵게 느끼면 되게 되었다. 게다가 사람은 망각의 동물이라서 결제대금 마련에 매번 큰 고통을 느끼게 되는 카드결제청구서를 받은 순간부터 카드결제일까지는 자책을 하면서 소비를 잠시 자제하기도 한다. 그러나 카드결제가 끝나는 그 순간부터 또다시 아픈 고통을 잊고 다음 카드결제청구서를 받을때까지 또 다시 신나게 긋기 시작한다. 그리고 그 망각은 매달 반복된다.

사소해 보이는 기본기부터 기르지 않으면 늘 돈 때문에 고민하게 된다

이런 뇌의 특성과 신용카드 결제의 속성에 대한 정보는 소비자들도 대부분 가지고 있다. 소수의 사람들은 나름대로의 자구책을 만들어 대항하면서 돈 관리를 잘한다. 그렇지만 대부분의 사람들은 눈을 뻔히 뜨고도 순간의 욕망에 무릎을 꿇거나 귀차니즘으로 자신을 소비의 침공으로부터 무방비 상태로 방치한다. 게다가 복잡한 시스템이나 새로운 방법에는 거부감이 먼저 들기 때문에 생각은 하면서도 그 방법을 바로 만들어 실천하지 않는다. 그런 사소하고 귀찮은 방법보다는 혹시나 대박 기회를 잡을 방법이 없을까 찾아 헤매지만 나에게는 너무나 먼 당신이거나 팔랑귀 때문에 잘못된 투자로 돈을 잃기도 한다. 그러니 돈에 대한 걱정이 늘 머릿속을 떠나지 않게 되는 것이다.

고통의 횟수를 늘려 소비를 통제할 수 있는 지출통제시스템을 만들어 대항하라

가장 쉬우면서도 바로 실천할 수 있는 방법은 현금과 체크카드를 사용하는 것이다. 이 방법은 복잡하지 않고 거부감이 들지 않는다. 물건을 구입할 때마다 지갑에서 현금을 꺼내 지불하게 되면 손 끝으로 돈의 무게를 바로 체감하게 된다. 똑같은 물건이나 서비스를 신용카드로 5만원, 10만원 결제할 때 무감각했던 몸의 감각이 현금으로 지불할 때는 확 깨어난다. 신용카드는 소비를 하고 종이영수증을 받아 챙기면 끝이지만, 현금 결제는 지갑에 있는 돈을 꺼내서 상대방에게 건네주면서 먼저 고통을 느끼고 지갑이 가벼워지면서 이중으로 고통을 느끼게 된다. 그 고통은 물건이나 서비스를 구입할 때마다 반복적으로 찾아와 몸에 통증을 느끼게 한다. 그러한 고통이 반복되면 자연스럽게 물건이나 서비스 비용을 결재할 때 우선 그것들이 당장 꼭 필요한 것인지부터 먼저 고민하게 된다. 지출을 줄이는 방어기제로 작동되는 것이다. 그리고 매달 카드청구서를 받을 때마다 우울해지지 않아서 좋다. 카드 결제 대금을 만들려고 고민하지 않아도 된다. 작은 돈에 대한 고민은 늘어도 큰 돈 마련의 고통은 사라지게 되는 것이다.

현금을 들고 다니다 보면 분실의 위험도 있고 꼭 필요한 순간에 돈이 부족해 낭패를 겪을 수도 있다. 그 대안으로 사용할 수 있는 방법이 바로 체크카드이다. 그런데 이 체크카드도 잔고관리를 잘못하면 신용카드와 마찬가지로 소비를 무감각하게 만들 수 있다. 하루 벌어서 그 돈으로 하루를 살거나 매달 벌어서 매달 그 돈을 다 써버리는 사람이라면 몰라도 보통 어느 정도의 잔고는 유지한다. 바로바로 현금을 상대방에게 지불하는 것이 아니기 때문에 매달 카드결제청구서가 날아오지 않는다는 점 정도의 차이밖에 느끼지 못할 수도 있다. 이에 대한 대비책으로 반드시 체크카드 잔액확인을 문자로 받는 시스템을 만들어 두어야 한다. 그렇게 결제할 때마다 문자로 통장의 잔고가 줄어드는 것을 눈으로 확인할 수 있도록 만들어 두면 아무래도 소비에 대한 경각심이 생겨 지출을 통제할 가능성이 높아진다.

버는 돈을 효과적으로 모으기 싫어하는 사람은 별로 없다. 반대로 소비를 하면서 즐거움이 아니라 괴로움을 느끼는 사람도 별로 없다. 소비를 효과적으로 통제하지 못하면 버는 돈을 효과적으로 모을 수 없다. 일단 소비에 대한 통제권이 생기고 나면 그 다음에 돈을 모으기는 한결 쉬워진다. 뇌의 특성과 결제시스템의 속성을 잘 알고 이용하자. 소비에 지배되어 돈 때문에 매 번 고민하지 말고 잘 작동하는 지출통제시스템을 만들어 실천함으로써 소비의 유혹으로부터 벗어나 돈에 휘둘리지 않고 돈을 지배하는 현명한 소비자가 되자.

3. 지출의 눈높이를 낮추고 저축의 눈높이를 높여라

사람들이 어떤 값을 추정할 때 초기값에 근거해서 판단하는 것을 심리학에서는 '닻 내리기 효과(Anchoring effect)'라고 한다. 닻을 내린 곳에 배가 머물듯이 처음 입력된 정보가 정신적 닻으로 작용해 전체적인 판단에 영향을 미치는 현상이다.

이러한 닻 내리기 효과는 소비지출 심리에도 작용한다. 예를 들어, A와 B가 똑같이 300만원의 월급을 받는데 매달 100만원을 지출하는 A와 200만원을 지출하는 B의 소비지출에 작용하는 정신적 닻의 위치는 다르다. 평소 100만원을 쓰던 A는 200만원을 쓰게 되면 많이 썼다고 생각해서 그 다음 달에는 지출을 줄이려고 노력한다. 200만원을 쓰던 B는 그 달에 특별히 A처럼 100만원을 쓰더라도 계속 그 지출을 유지하거나 더 아끼려고 노력하기보다는 정신적 닻이 내려져 있는 200만원으로 복귀하게 된다. 이미 내려진 정신적 닻이 지출을 줄이려는 노력을 막는 것이다.

오래전에 잘못된 소비지출 습관을 바꾸고 싶어 회사를 방문한 유지인씨는 광화문에 있는 대기업에 다니지만 집은 경기도 외곽에 있는 신입사원이었다. 회식이나 친구와 만나서 신나게 논 후에는 집에 가는 교통편이 문제였다. 12시 이전에 일정을 마치고 광역버스를 타면 3,000원만 지불하면 되는데 12시가 넘어 버리면 차편이 끊겨 4만원이 훌쩍 넘는 택시비를 지불해야 했다. 나를 찾아오기 전까지는 여전히 사람들과 어울리는 것이 좋아서 한 달에 열 번 내외로 택시를 타고 귀가했다. 어느 날 불현듯 이런 습관이 계속되면 돈을 모으지 못하겠다는 생각이 들어 상담을 신청했다고 한다.

지인씨는 입사후 일 년간 귀가가 늦어지면 당연히 택시를 타는 습관에 젖어 있었기 때문에 교통비에 대한 정신적 닻은 이미 내려져 있었다. 이런 상태에서 교통비 지출 습관을 바꾸려면 큰 결심이 필요했다. 생활습관을 근본적으로 바꿔야 하는 것이다. 한 달에 열 번 가까이 타던 택시를 아예 안타면 좋겠지만 12시가 지나면 딱히 다른 교통수단이 없기 때문에 그러한 목표는 현실성이 없다. 택시를 타지 않고 일찍 귀가하는 것을 원칙으로 삼되 불가피할 때만 월 2~3회 정도 택시를 이용하겠다는 실현 가능한 예외를 정해놓는 게 지킬 가능성을 높여준다. 이렇게 하여 지인씨는 교통비부터 절약하는데 성공했다.

대부분의 다른 소비성지출 항목도 마찬가지이다. 지금 당장 가계부를 쓰면서 지출내역을 적으며 문제점을 찾아내어 소비지출 습관을 변화시키지 않으면 현재의 과소비 상태에서 벗어나기 어렵다. 처음에 내려진 정신적 닻의 위치를 멀리 이동시키려면 그만큼 더 큰 노력과 인내가 필요해지는 것이다.

저축도 소비지출과 같은 방식으로 설명할 수 있다. A와 B가 똑같이 300만원의 월급을 받는데, A는 매달 200만원을 저축하고 B는 100만원만 저축한다면 소비지출과 마찬가지로 저축에 대한 A와 B의 정신적 닻의 위치가 많이 다른 것이다. 처음부터 200만원을 저축한 A는 저축액이 100만원으로 줄어들면 저축이 많이 줄었다고 생각하고 긴장하게 된다. 100만원을 저축하던 B는 A와 같은 200만원을 저축하게 되면 상당히 만족스러워진다. B는 저축을 더 늘릴 수 있는 여력이 생겨도 이미 만족스러운 상태이기 때문에 방심하면 다시 줄어들 가능성이 높다. 이러한 정신적 닻은 수입이 늘어날 때도 똑같이 작용된다. 수입이 늘면 그에 비례해서 저축을 늘릴 생각을 하는 것이 아니라 대부분은 돈 쓸 일부터 궁리하는 이유이다.

돈을 효과적으로 잘 모으고 싶다면 지출의 눈높이는 낮추고 저축의 눈높이는 높여라. 소비지출 액수와 저축 액수는 상호 반비례 관계이므로 소비지출이 늘면 저축이 줄고 소비지출이 줄면 자동적으로 저축은 늘어난다.

4. 지출용도에 따라 통장을 쪼개보자

　　몇 년 전에 맞벌이 신혼부부인 박유하씨 부부와 상담을 하며 지출내역을 체크하다가 깜짝 놀란 적이 있다. 외식비와 의류나 화장품 같은 꾸밈비 비용이 전체 지출에서 차지하는 비율이 꽤 높았다. 신혼부부들의 평균 소비와 비교해도 이 부부는 상당히 높은 수준이었다. 부부가 외식을 하면 기본이 3차까지 갈 정도였다. 이 문제를 해결하기 위해 유하씨 부부에게는 '먹꾸'통장이라는 별도의 통장을 만들어주었다. 외식비와 꾸밈비의 한 달 예산을 잡아 이 통장에 넣어 놓고 사용하기를 권했다. 많이 먹으면 덜 꾸미고 많이 꾸미면 덜 먹고 월급날 이전에 이 통장의 잔고가 바닥이 나면 참으라고 했다. 처음에 이 부부는 예산내에서 이 비용들을 사용하기 힘들어 했다. 3개월이 경과하면서 예산범위 내에서 지출관리가 가능해졌다. 관리가 되기 시작하면서 통장에 돈이 남는 달도 여러 달이 생겼다. 나중에는 예산을 줄이기까지 했다. 통제가 어려운 지출에 대해서는 유하씨 부부처럼 별도로 통장을 만들어 사용하면 지출통제가 가능하고 덤으로 좋은 습관이 길러지기도 한다.

　　통장쪼개기는 전문가마다 다른 방법을 제시하기도 하고 사람마다 다양한 방법을 사용하기도 한다. 정답은 없다. 편리하고 효율적으로 통장을 잘 사용하는 방법으로 월급이나 자산을 효과적으로 잘 관리할 수만 있다면 그게 최선이다. 내담자들에게 솔루션을 제시하면서 통장쪼개기를 권할 때 주로 이해하기 쉽고 적용하기 간편한 '단순함'과 새는 것을 막고 부족할 때 펑크가 나지 않게 '지출관리'를 잘 할 수 있는데 초점을 맞춘다. 경험적으로 보면 휴대폰 요금이나 공과금처럼 매월 고정적으로 통장에서 빠져 나가는 정기지출보다는 경조사나 효도비용 등 비정기적으로 발생되는 지출관리가 더 중요하다. 그런 관점에서 통상 3개~5개 정도로 통장을 나눠 사용할 것을 제안한다. 통장을 지출목적에 따라 사용하다가 본인에게 맞는 더 효과적인 방법을 만들어 사용하면 그것이 최선이다. 지출목적에 따라 통장을 쪼개는 방법에 대해 살펴보자.

통장 1. 비상예비자금 통장

비상예비자금 통장이란, 의료비나 이직 등으로 인해 예상하지 못했던 목돈이 필요해졌을 때 다른 금융자산에 손대지 않고 위기를 극복하기 위해 따로 떼어놓는 비상금을 말한다. 이론적으로는 생활비의 3~6배 정도가 좋다고 하지만 실질적으로 너무 많이 만들어 놓으면 자금 운용의 효율성이 떨어진다. 과소비를 하거나 충동구매로 돈이 부족해지면 슬금슬금 손을 대는 경우도 있기 때문에 아예 빼 쓸 마음이 없을 정도의 금액이 적당하다. 금융자산이 어느 정도 확보된 경우에는 한달치 월급 정도를, 부채가 많거나 금융자산이 별로 없는 경우에는 세달치 월급정도를 비상예비자금으로 확보해 놓는 것이 적절하다. 이 자금은 기본적으로 사용하지 않고 묶어두는 돈이지만 필요할 때 언제든지 빼 쓰면서도 금융상품 해지로 인한 손해를 보지 않아야 하므로 수시입출금 기능이 있고 이자가 높은 증권사 CMA를 활용하는 게 유리하다.

통장 2. 생활비 통장(정기지출 통장)

　　　　생활비 통장이란, 공과금이나 주, 부식비등 매월 고정적으로 발생하는 비용을 해결하기 위한 통장이다. 월급이 입금되면 다음 월급이 입금될 때까지 잔고를 대부분 사용하는 통장이므로 이자의 높고 낮음은 중요하지 않다. 회사의 급여통장을 생활비 통장으로 사용하면 적당하다. 공과금이나 휴대폰 등을 자동이체 해놓고 적금이나 적립식펀드 등도 자동이체 해놓아 급여를 받자마자 자동으로 빠져 나가게 하고 남는 돈을 쓰면 된다. 이렇게 하여 생활비를 남겨서 저축을 더 할 수 있으면 금상첨화일 것이다.

통장 3. 비정기지출 통장

　　　　비정기지출 통장이란, 명절이나 경조사 등 비정기지출을 관리하는 통장을 말한다. 재테크는 비정기지출을 얼마나 잘 관리하느냐에 따라 승패가 갈린다. 매월 별다른 행사가 없을 때는 급여로 충분히 생활할 수 있지만 명절이나 효도비용, 각종 경조사와 같은 비정기지출이 늘어나게 되면 가계부에 펑크가 난다. 일년동안의 비정기지출을 예상해보고 통장을 별도로 만들어 매월 1/12씩을 따로 떼어놓았다가 그런 지출에 대비해야 한다. 예상을 잘하면 일년 후 통장잔고는 0이 되는 것이 정상이다. 많이 남으면 다음 해 예산을 잡을 때 줄이면 되고 부족하면 늘리면 된다. 이처럼 빈번하지는 않지만 입출금이 잦은 편이므로 은행의 수시입출금 통장을 사용해도 되고 증권사의 CMA통장을 이용해도 된다.

통장 4. 평생 여가전용자금 통장

평생 여가전용자금 통장이란, 말그대로 힐링을 위한 통장이다. 누구나 여행을 꿈꾼다. 평소에 적금을 들어 여행자금을 마련하기도 하지만 아무 준비없이 즉흥적으로 여행을 떠나기도 한다. 준비한 여행은 힐링이지만 즉흥적으로 떠나는 여행은 여행지에서도 여행을 다녀와서도 가슴 한쪽에 무거운 결제의 짐이 하나 매달려있다. 여행은 잠깐이고 결제해야 할 시간은 길다. 결제의 짐을 덜고 여행을 온전히 힐링의 시간으로 만들기 위해서는 평소에 조금씩 준비해야 한다. 일년예산을 세워 매월 일정한 금액을 따로 급여에서 떼어 이 통장에 넣어두었다가 필요할 때 사용하면 된다. 수시로 사용하는 통장이 아니지만 필요할 때는 언제든지 찾아 써야 하는 자금이므로 입출금이 자유로우면서 이자가 은행의 수시입출금 통장보다 상대적으로 높은 증권사 CMA 통장을 이용하는 것이 낫다.

통장 5. 기타 통장(선택적인 통장)

위에서 언급한 유하씨 부부의 '먹꾸통장'과 같은 용도를 말한다. 누구나 지출통제는 해야 하는데 통제가 어려운 지출항목이 있게 마련이다. 어떤 이에게는 외식비 통제가 어려운 반면에 어떤 이는 첨단기기만 보면 사족을 못 쓰기도 한다. 이럴 때 유용하게 사용할 수 있는 통장이 기타통장이다. 통제는 해야 하나 통제가 안 되는 지출을 통제하기 위한 통장이다. 이런 지출 항목에 대해서는 예산을 세워서 매월 일정한 금액을 이 통장에 넣어두고 잔고 범위 안에서 사용하면 된다. 체크카드를 만들어 급여 전에 잔고가 비게 되면 급여를 받았을 때 다시 이 통장에 돈이 충전되기까지는 다른 통장에서 돈을 빼거나 신용카드를 사용하면 안 된다. 지출통제를 꼭 해야 하는 통장이므로 이 원칙은 반드시 지켜야 한다. 지출이 빈번한 통장이므로 은행의 수시입출금통장 정도면 적당하다.

5. 마시멜로의 유혹을 넘어 강제 저축시스템을 만들어라

대부분 다 아는 실험내용이지만 소비지출을 이야기할 때 마시멜로 실험을 빼 놓을 수 없다. 마시멜로 실험은 네 살짜리 아이들이 정해진 시간 안에 마시멜로 사탕의 유혹에 어떻게 반응하는지를 관찰하고 분류한 다음, 그 아이들이 청소년기와 성인기를 거치면서 어떻게 성장했는지를 추적한 실험이다. 이 실험에 따르면, 마시멜로의 유혹을 잘 참아낸 아이들은 성인이 되어 성공적인 삶을 살고 있었던데 반해, 그렇지 못한 아이들은 비만, 약물 중독, 사회부적응 등의 문제를 안고 살아가고 있었다고 한다. 마시멜로 실험은 어릴 때 참기 힘든 유혹 앞에서 만족을 지연시킬 수 있는 인내심을 기르는 것이 얼마나 중요한지를 보여준다. 재테크 성공여부는 재테크 수익률에 의해서가 아니라 결국 마시멜로의 유혹을 잘 물리치고 성공적인 삶을 살게 되는 네 살짜리 아이들처럼 얼마나 소비의 유혹을 잘 이기느냐에 달려있다. 소비의 유혹을 잘 이겨낸 사람들이 결국 좋은 지출습관을 길러 부자가 된다.

재테크에 성공하기 위해서는 달콤한 다시멜로의 유혹을 이길 수 있는 인내심은 필수이다. 그러한 인내심을 뒷받침해줄 수 있는 강제저축시스템이 필요하다. 간단하게 말하면 월급을 받으면 저축부터 먼저 할 수 있는 자동시스템을 갖춰두어야 한다. 저축을 많이 하는 비법을 소개할 때 무작정 '저축을 먼저하고 남은 돈을 쓰라'고 강조한다. 이런 조언은 맞는 것 같지만 잘못된 조언이다. 저축은 의지로 성공할 수 있는 일이 아니라, 잠깐동안 전속

력으로 달려야 하는 100m 달리기가 아니라 평생을 일정한 속도로 꾸준히 달려 결승점을 통과해야 하는 마라톤인 것이다.

다이어트에만 요요가 있는 것이 아니라 저축에도 요요가 있다

다이어트에만 요요현상이 있는 것이 아니다. 무리한 저축도 요요현상을 일으킨다. 먹고 입는 것을 극단적으로 통제하면서 무리하게 저축을 하다가는 금방 지쳐 요요현상을 겪게 된다. 잘못된 다이어트는 합리적인 목표설정과 지속적으로 실천가능한 방법이 아니라 주먹구구식으로 무조건 먹지 않고 단기간에 무리하게 살을 빼는 것이다. 이러다가 실패하면 살빼기 전보다 더 늘어난 체중 때문에 지독한 스트레스에 시달리게 된다. 저축도 올바른 다이어트 방법과 비슷하다. 무리하게 목표를 잡으면 반드시 탈이 난다. 저축을 무리하게 하다가 실패해 요요현상을 겪게 되면 지출이 더 늘어나는 것을 넘어 오랫동안 저축과는 담을 쌓게 된다. 1~2년이 지나 다시 정신을 차렸을 때는 이미 회복불능 상태에 빠져있는 자신을 발견하게 되는 것이다.

강제저축시스템을 효과적으로 만드는 방법

가장 먼저 해야 할 일은 저축이 아니라 '가계부'를 쓰는 것이다. 자신이 한 달에 얼마를 쓰고, 불필요하게 많이 지출하는 항목이 없는지, 줄일 수 있는 돈이 있는지 등을 파악하여 매월 합리적인 저축액을 정해야 한다. 이때 목표 저축액은 약간 빠듯할 정도로 정하는 것이 좋다. 적금이나 펀드와 같은 금융상품에 가입하여 월급을 받자마자 다른 소비성 지출에 앞서 목표한 저축액만큼 먼저 빠져 나가게 자동이체일을 지정해 놓아야 한다.

　　　소비성 지출은 신용카드가 아니라 체크카드나 현금으로 써야 한다. 신용카드는 단기성 부채이고 소비지출을 무감각하게 만들기 때문에 멀리해야 한다. 불필요한 소비지출의 달콤함에 빠져 분수에 넘치는 충동소비를 하게 되면 그 다음 달 저축은 당연히 펑크가 나게 되어 있다. 그렇게 되면 모든 것이 도루묵이 된다. 그것이 저축하고 남은 돈으로 사용할 수 있는 체크카드나 현금으로 지출해야 하는 이유이다. 마지막으로 월급을 받기 전에 돈이 떨어지면 월급 받을 때까지 돈을 쓰지 말아야 한다. 옛날 어르신들이 당연하게 생각하고 실천하던 지출습관을 신용카드라는 플라스틱 괴물이 당연하지 않은 것으로 만들어 놓았지만 돈을 잘 모으기 위해서는 옛날 어르신들의 방법을 따르는 것이 좋다.

　　　다시 한 번 요약하자면, '가계부'를 먼저 써라. 합리적인 저축액을 정하고 나서 저축부터 먼저하고 남는 돈을 쓰도록 하자. 신용카드가 아니라 현금이나 체크카드를 쓰고 월급을 받기 전에 돈이 떨어지면 월급날까지 소비성 지출을 하지 말고 참는 것이 좋다. 머지않아 두둑한 통장을 어루만지며 스스로를 대견스럽게 생각하게 되는 날이 반드시 올 것이다.

6. 클릭 몇 번으로 숨은 돈 찾아내기

돈을 잘 모으고 잘 불리기 위해서는 먼저 숨은 돈을 찾고 새는 돈을 찾아 막는 것이 중요하다. 새는 돈을 찾으려면 '가계부'를 쓰면 된다. 숨은 돈을 찾기 위해서는 금융감독원에서 운용하는 <파인>이라는 플랫폼을 이용하면 효과적이다. 과거에는 숨어 있는 휴면예금이나 카드포인트 등을 찾아내려고 해도 각각의 사이트를 찾아가는 방법도 모르고, 설사 안다고 해도 번거로워 포기했다. 지금은 공인인증서를 사용할 수 있는 PC나 모바일로 신뢰할 수 있는 통합플랫폼인 <파인>만 잘 활용하면 쉽게 숨은 돈이나 포인트를 찾아내어 현금화시킬 수 있다. 지금부터 공인인증서를 준비해서 <파인>사이트에서 숨은 돈을 찾아내보자.

1. 네이버 검색창에 <파인>을 입력하고 클릭!

2. 금융소비자정보포털 <파인> 클릭!

> 금융소비자정보포털 **파인**　fine.fss.or.kr
> 오늘의 금융꿀팁 · 서비스소개 · 금융소비자뉴스 · 금융권 채용정보
> 금융소비자가 금융거래과정에서 필요하거나 알아두면 유익한 금융정보를 망라하여 제공, 금융감독원 **파인**,…

3. 잠자는 내 돈 찾기 클릭!

4. 찾고 싶은 숨은 돈 항목을 클릭!

5. 돌아와서 '내 보험 다보여' 또는 '내 보험 찾아줌' 클릭!

숨은 돈 많이 찾으셨나요?

7. 사회초년생에게 꼭 필요한 4개의 통장

　　월급을 받기 시작하면 돈관리를 적극적으로 해야 하는데 평소에 알고 있는 짧은 재테크지식만으로는 어떤 금융상품에 가입하는 것이 좋을지 모를 때가 많다. 재테크 책을 찾아봐도, 인터넷을 검색해봐도 나에게 맞는 금융상품 찾기란 쉽지 않은 일이다. 그러다가 덜컥 가입한 상품이 나중에 나에게 맞지 않다는 것을 알고 중도에 해지하여 큰 손해를 보는 사회초년생들도 꽤 있다.

　　얼마 전에 나를 찾아와 상담을 받았던 28세의 사회초년생도 적립식펀드인 줄 알고 매월 50만원을 불입하는 조건으로 가입한 상품이 알고 보니 변액연금보험이라는 사실을 알고 절망했다. 결혼자금을 마련해야 하는데 노후에 연금으로 받을 수 있는 상품에 가입했던 것이다. 월 10~20만원 정도라면 모를까 월 50만원이나 되는 부담스러운 돈을 불입하고 있었으니 얼마나 놀라고 화가 났을지는 말을 안 해도 짐작이 가리라. 그나마 두달치만 불입했고, 자신에게 맞지 않는 상품이라는 것을 바로 알고 해약했으니 불행중 다행이 아닐 수 없다. 그렇지만 불입한 보험료의 대부분은 돌려받지 못했다.

　　그 친구를 떠올리면서 사회초년생에게 꼭 필요한 4개의 통장에 대해 알리는 글을 써야겠다고 마음먹었다. 사회초년생이면서 재테크 지식이 좀 부족한 편이라면 다른 통장은 몰라도 이 통장들만은 먼저 만들어 놓자.

첫째, 푼돈이 모여 목돈이 되는 CMA통장

증권사에서 주로 취급하는 CMA통장은 하루만 맡겨도 이자를 받을 수 있다. 은행의 수시입출금 통장과 비슷한 성질을 가졌지만 대부분의 은행 수시입출금 통장이 연 0.1%의 이자를 주는 반면, CMA는 현재 연 1.4% 내외의 이자를 준다. 가입자들이 CMA에 맡긴 돈을 단기금융상품에 투자하여 그 이익금의 일정 부분을 고객에게 수익으로 지급하는 것이다. 투자하는 상품에 따라 CMA-RP, CMA-MMW, CMA-MMF등 여러 종류로 구분된다. CMA뒤에 붙은 RP, MMW, MMF 등에 너무 연연하지 말고 이자를 가장 높게 주는 상품에 가입하면 된다.

월급통장이나 금액의 유입이나 유출액이 크지 않은 용도로는 그냥 은행 수시입출금 통장을 사용하면 된다. 비상예비자금처럼 금액도 어느 정도 되고 수시로 인출하지 않는 용도로 사용하면 좋다. 여행자금처럼 일정기간 동안에는 입금만 있고 출금이 없는 자금 용도로도 적합하다.

가끔 이자 얼마 된다고 번거롭게 증권사에 가서 CMA 만드냐고 그냥 은행 통장 이용하겠다는 사람들도 많다. 그런 사람들은 재테크에는 상당히 부족한 사람들이다. 수익보다는 마인드 형성부터 해야 부자가 될 수 있다는 사실을 잊지 말자. 푼돈이 모여야 목돈이 되는 것이 부자가 되기 위한 첫걸음이다.

둘째, 주택 청약에 앞서 주거비용을 줄일 수 있는 주택청약종합저축통장

최근에는 결혼을 미루거나 기피하는 청년들이 늘어나면서 20대 후반을 중심으로 1인가구가 빠르게 증가하고 있다. 부모와 동거하는 청년이 아니라 혼자 사는 청년이 늘고 있다는 의미이다. 사회초년생이 목돈을 크게 모아 좋은 주거환경 속에 살기는 어렵다. 상담을 하다 보면 대부분의 혼자 사는 청년들이 부담스러울 정도로 높은 월세를 내는 주거환경에서 살고 있다는 것을 알 수 있었다. 주거비용이 낮은 행복주택이나 공공임대주택에 청약하기 위해서는 주택청약종합저축통장에 가입되어 있어야 한다. 먼저 이런 주거비용을 아낄 수 있는 주택에 청약할 목적으로 청약통장에 가입해 두자. 목돈을 모은 후에 주택에 청약하고 싶어지면 그때는 국민주택이나 민영주택에 청약하는 용도로 사용하면 된다.

주택청약종합저축통장은 1인 1통장만 만들 수 있다. 대부분의 시중은행에서 취급하고 있고 이자율은 동일하니 편리하게 이용할 수 있는 은행에서 가입하면 된다. 월 2만원~50만원까지 불입 가능하지만, 월 2만원만 불입하는 조건으로 시작하는 것을 추천한다. 청약통장에 들어간 돈은 청약에 당첨되거나 중도에 해지를 하지 않으면 찾을 수 없다. 해지하면 그동안 쌓아왔던 순위가 다 사라지기 때문에 가급적 해지하지 않는 것이 유리하다. 사회초년생은 종자돈 마련이 급선무이니 유동성이 떨어지는 청약통장에 너무 많은 돈을 넣으면 나중에 돈이 필요할 때 낭패를 볼 수 있다.

셋째, 종자돈 마련의 필수품, 적금통장

사회초년생의 제 1과제는 종자돈 마련이다. 종자돈을 모아야 하는 가장 큰 이유는 '스노우볼 효과'를 누리기 위함이다. 어린 시절 크리스마스 즈음에 만들었던 눈사람 만드는 방법을 떠올려 보자. 처음에 조그만 덩어리를 굴리면 눈덩이가 조금씩 달라붙지만 눈사람이 될 정도의 덩어리가 되면 한 번 굴릴 때마다 달라붙는 눈의 양이 늘어난다. 그것이 종자돈을 모아야 하는 이유이다. 매월 불입하는 금액에 대한 이자와 이미 만들어진 덩어리의 이자가 합해져 돈이 모이는 속도가 점점 빨라진다. 요즘은 발품을 팔지 않아도 이자를 많이 주는 은행을 손쉽게 찾을 수 있다. 금융감독원에서 운영하는 금융상품통합비교공시 사이트에 들어가 지역, 금액, 기간 등의 조건을 넣으면 금리가 제일 높은 순서대로 적금 상품을 보여준다. 그 중에서 이용하기 편리한 은행의 상품을 선택하면 된다.

월 100만원을 적금할 수 있다면 한 번에 100만원을 넣지 말고 40만원, 30만원, 30만원 이렇게 세 개로 나누어 가입하는 것이 좋다. 살다 보면 1년내내 지속적으로 100만원을 넣지 못할 상황이 올 수도 있는데 그러면 어쩔 수 없이 적금을 깨야 한다. 오랫동안 많은 사람들과 상담을 한 경험에 의하면 적금을 만기까지 불입해서 목돈을 받아 그 돈으로 무엇을 할까 고민해본 사람들이 저축습관이 좋았다. 세 개 모두 만기까지 불입하면 베스트고 혹 두 개만 만기를 채우더라도 차선은 된다.

넷째, 푼돈내서 목돈 드는 위험에 대비하는 보장성 보험

사회초년생들은 건강하기 때문에 보험에 꼭 가입할 필요가 있는지 고민을 많이 하게 된다. 특히 여성보다는 남성들이 그런 경향이 크다. 하지만 아무리 돈을 열심히 모아도 예상치도 못하게 크게 다치거나 아파서 목돈이 지출되게 되면 그동안 모은 목돈을 한꺼번에 모두 써버릴 수도 있다. 확률이 높은 것은 아니지만 누구에게나 닥칠 수 있는 위험이므로 보험은 반드시 필요하다.

보험은 저비용 & 고효율 원칙으로 가입해야 한다. 저비용이라고 해서 1~2만원을 불입하는 보험을 말하는 것이 아니다. 적절한 비용을 내고 꼭 필요한 보장을 받을 수 있어야 한다는 말이다. 보험료는 나이가 많을수록, 납기가 짧을수록, 보장이 클수록 대체적으로 여성보다는 남성이 비싸다. 그래서 한 살이라도 어릴 때 싸게 가입해서 빨리 불입을 완료하는 것이 유리하다. 보험은 건강할 때는 내가 '갑'이지만 현재 건강하지 않거나 과거에 병력이 있으면 '을'로 신분이 바뀌기도 한다. 가입이 안 되거나 가입 조건이 나빠지게 되므로 어리고 건강할 때 딱 필요한 만큼만 가입해 놓고 빨리 납입을 끝내도록 하자.

보험에 가입할 때는 핵심보장, 확률 그리고 물가상승에 따른 화폐가치 하락을 염두에 두고 가입해야 한다. 사회초년생이라면 가장 먼저 단독 실손의료비 보험에 가입하고 암이나 성인병, 상해 등을 보장하는 건강보험 정도만 가입하면 된다. 보험료는 나이나 하는 일의 위험 정도에 따라 달라지겠지만 월 6만원~9만원 정도가 적당하다. 그 이상의 보험료를 내는 것은 낭비이다. 보장성보험은 저축이 아니라 비용이다. 상담을 하다 보면 정말 피같이 번 돈을 쓸데없이 보험금으로 낭비하는 사람들을 너무 많이 봤고 답답할 때가 무수히 많았다. 특히 보험은 한번 잘못 가입하여 중도 해지를 하게 되면 큰 손해를 보는 상품이라 가입할 때 꼼꼼히 따져보고 신중히 가입해야 한다.

8. 13월의 보너스를 만드는 연말정산 절세 5총사

연말정산은 어떤 이에게는 13월의 보너스가 되기도 하고 어떤 이에게는 13월의 폭탄이 되기도 한다. 그 차이는 평소 연말정산 준비를 얼마나 잘해 놓느냐에 달려있다. 보통은 연초에는 아무런 대비없이 살다가 회사에서 연말정산 서류를 제출하라고 하면 그때부터 환급금을 더 받을 수 있는 방법이 없을까를 고민하며 허둥댄다. 그러면 이미 늦는다. 연초부터 전략을 세워 미리미리 똑똑한 연말정산을 할 수 있도록 준비해야 한다.

연말정산은 단순하다. 전년도 소득분에 대해 회사에서 월급을 지급할 때 소득세를 미리 떼어놓는다. 인적공제나 추가공제를 모두 반영한 결정세액이 떼어낸 소득세 합계보다 적으면 환급을 받고 그 금액이 많으면 추징을 당한다.

인적공제로 절세를 준비하기는 어렵다. 연말정산으로 환급금을 더 받으려고 당장 결혼할 수도 없고 자녀를 출산하기도 어렵다. 정해진 기준에서 누락된 것이 없는지를 잘 챙기는 정도면 된다. 금융상품 공제같은 추가공제 항목은 재무상황이나 여건에 맞게 평소에 충분히 준비할 수 있다. 연말정산을 13월의 보너스로 만들 수 있는 절세 금융상품 5총사에 대해 간단히 알아보자.

1. 주택청약종합저축

　　　국민주택이나 민영주택에 청약할 수 있는 주택청약종합저축은 연간한도 240만원의 40%인 96만원까지 소득공제를 받을 수 있다. 연봉 1,200만원에서 4,600만원 사이의 소득자인 경우, 한도를 다 채웠다면 96만원의 16.5%인 158,400원의 절세 효과가 있다. 자격조건은 연봉 7,000만원 이하로 무주택세대주에 한정된다.

　　　소득공제를 받기 위해서는 처음 공제를 받을 때 은행에서 무주택이라는 것을 확약하는 무주택확인서를 제출해야한다. 2018년 소득분에 대해서는 2019년 2월말까지 은행에 비치된 관련 서류를 작성하면 된다.

2. 연금저축계좌

　　　연금저축펀드, 연금저축보험, 연금저축신탁을 포함한 연금저축계좌는 연간 불입액 400만원까지 연봉 5,500만원 이하는 불입금액의 16.5%를, 5,500만원을 초과하는 경우에는 13.2%의 세액을 공제받을 수 있다.

　　　연봉 1억2,000만원 초과자 또는 종합소득금액 1억원 초과자는 연간 불입액 300만원까지 13.2%를 세액공제 받을 수 있다. 세액공제는 연말정산을 통해 낼 세금이 없으면 세액공제를 받는 혜택이 의미가 없으므로 국세청 홈택스에서 연말정산 모의계산을 통해 가입여부 및 적절한 불입금액을 결정해야 효과적이다.

다음에 설명하는 퇴직연금계좌(IRP)와 합산해서 연간 불입금액 700만원까지만 세액공제를 받을 수 있다는 점도 알아두자.

3. 퇴직연금계좌(IRP)

회사에서 가입한 DC형 퇴직연금에 회사에서 불입하는 금액과 별도로 개인이 추가로 불입하는 금액이나 퇴직연금계좌(IRP)에 가입하여 불입하는 금액에 대해 연간 700만원 한도로 세액공제를 해준다. 연금저축과 마찬가지로 연봉 5,500만원 이하는 불입금액의 16.5%를, 5,500만원을 초과하는 경우에는 13.2%를 세액공제 받을 수 있다.

연봉 1억2,000만원 초과자 또는 종합소득금액 1억원 초과자는 연간 불입액 300만원까지 13.2%를 세액공제 받을 수 있다. 세액공제는 연말정산을 통해 낼 세금이 없으면 세액공제를 받는 혜택이 의미가 없으므로 국세청 홈택스에서 연말정산 모의계산을 통해 가입 여부 및 적절한 불입금액을 결정허야 효과적이다.

연금저축계좌와 합산해서 연간 불입액 700만원 한도내에서 세액공제를 받을 수 있는데 연금저축계좌에 불입하는 금액이 0원이라면 700만원 전액을 연금저축계좌에 불입하는 금액이 200만원이라면 500만원까지 세액공제를 받을 수 있다.

4. 코스닥벤처펀드

코스닥벤처펀드는 코스닥 시장 활성화를 통한 자본시장 혁신방안의 일환으로 이 펀드에 투자하는 개인투자자에게 소득공제 혜택과 공모주 우선배정을 부여하는 펀드이다.

펀드에 가입할 때 투자기간 3년이상으로 계약해야 하며 2020년 12월 31일까지 불입한 투자금액을 3,000만원 한도로 전체 투자금액의 10%를 소득공제해준다. 매년 소득공제해 주는 것이 아니라 투자일이 속한 과세연도부터 투자후 2년이 되는 날이 속한 과세연도 중에 한 해를 선택해서 소득공제 신청을 하면 된다.

3000만원까지 투자했다고 가정하고 연봉구간이 1,200만원~4,600만원이라면 최대 300만원의 16.5%인 495,000원의 절세 효과를 볼 수 있다. 펀드이기 때문에 소득공제로 절세 혜택을 볼 수 있으나 펀드운용 결과가 나빠 수익률이 마이너스가 되면 결과적으로 손해를 볼 수 있다는 점도 알고 투자해야 한다. 국내 거주자라면 특별한 가입조건이나 자격에 대한 제한은 없다.

5. 보장성 보험

실손의료비 보험이나 자동차보험 같은 보장성 보험은 주피보험자가 본인을 포함한 기본공제 대상자인 경우 연간 납입액 중에 100만원까지 13.2%의 세액공제를 받을 수 있다.

연봉구간이 1,200만원~4,600만원이고 한도를 다 채웠다면 132,000원의 절세효과가 있다. 맞벌이 부부는 가족의 보장성 보험을 잘 나눠 각각 최대 100만원 한도까지 소득공제를 받을 수 있게 조치해 놓는 것이 효과적이다. 보통 계약자는 돈을 불입하고 주피보험자는 보험의 대상이 된다. 남편이 계약자이고 아내가 주피보험자일 때는 아내가 남편의 기본공제대상자가 아니어서 아내가 소득공제를 받을 수 없으므로 계약자를 아내로 변경해 놓아야 별도로 소득공제를 받을 수 있다.

9. 가입조건이 되면 청년 우대형 주택청약종합저축으로 가입해라

국토교통부는 저소득·무주택 청년의 주택 구입 및 임차자금 지원을 위해 재형 기능을 강화한 청년 우대형 청약통장을 출시했다. 기존 주택청약종합저축 가입자도 가입자격을 충족하면 전환하여 가입이 가능하다.

지난 해 발표할 때는 가입 대상자를 근로소득자로 한정했었으나 사업 및 기타 소득이 있는 자도 가입할 수 있게 조건을 완화하여 근로소득자는 물론 프리랜서 및 학습지 교사 등도 가입이 가능해졌다. 일몰제가 적용되기 때문에 2018년 7월 31일 ~ 2021년 12월 31일까지만 가입이 가능하고, 2021년에 논의를 통해 가입기간 연장이나 중단 여부가 결정된다. 주요 내용은 다음과 같다.

1. 가입대상

- 만19세~만29세(병역기간 최대 6년까지 인정)
- 연소득 3,000만원이하인(근로소득, 사업소득, 기타소득) 자
- 무주택 세대주

* 병역기간 최대 6년까지 인정한다는 의미는 병역증명서에 의해 병역기간이 6년이 인정되면 만35세, 2년이 인정되면 만31세까지 가입 가능하다는 의미임.

2. 우대이율

가입기간이 2년이상으로 총5,000만원까지 최대 10년간 <주택청약종합저축>이율 + 1.5%의 우대이율이 적용된다.

* 2년이하 기간에 해지하면 우대이율이 적용되지 않으나 청약당첨으로 통장을 해지하게 되면 2년 이하라도 우대이율이 적용됨.

구분	1개월 이하	1개월 초과 ~ 1년 미만	1년 이상~ 2년 미만	2년 이상 ~ 10년 이하	10년 초과 ~
주택청약종합저축	0%	1.0%	1.5%	1.8%	1.8%
청년 우대형 청약	0%	2.5%	3.0%	3.3%	1.8%

주택청약종합저축의 이율에 따라 연동된다(+1.5%).

3. 비과세 혜택

2년이상 가입하면 총 이자소득의 500만원까지 비과세가 적용된다.

* 비과세 대상 및 내용의 구체적인 사항은 향후 개정되는 조세특례제한법을 따름.
* 기존의 주택청약종합저축은 비과세 적용이 안되며 이자소득에 대해 15.4%의 이자소득세를 제하고 줌.

4. 소득공제 요건

기존의 주택청약종합저축과 같은 기준이 적용되는 연소득 7,000만원이하이며 무주택세대주인 경우 연간 240만원 한도로 불입금액의 40%를 소득공제받을 수 있다.

5. 기존 주택청약종합저축가입자 전환 가입 가능

- 기존 주택청약종합저축 가입자는 청년 우대형 주택청약종합 저축으로 전환이 가능하다.
- 기존 가입기간 및 납입인정회차를 연속하여 인정한다.
- 기존통장 해지후 전환원금을 신규통장으로 이전해야 한다.
- 전환원금은 청약회차에서 제외되고 우대이율도 적용되지 않는다.

6. 증빙서류

- (연령, 무주택인 세대주) 각서 - 은행에 비치되어 있다.
- 주민등록등본
- (병역기간) 병적증명서 - 만29세를 초과해 병역기간을 인정받아야 가입이 가능한 사람만 필요하다.
- ISA가입용 소득확인증명서
- 지방세 세목별 과세증명서 - 해지 시 제출, 전국단위 주민센터 발급본

* 직전년도 소득이 있으면 소득확인증명서로, 1년 미만으로 직전년도 신고소득이 없는 경우, 근로소득자에 한해 급여명세표 등으로 연소득 환산함.
* 비과세 적용을 위한 연소득 및 무주택세대주 요건 증빙은 향후 개정되는 주세특례제한법을 따름.

7. 납입방식

- 기존 주택청약종합저축과 동일하다.
- 원금 1,500만원까지는 자유롭게 납입, 1,500만원 초과시 월 2만원 ~ 50만원까지 자유롭게 납입할 수 있다.

8. 가입기간

2018년 7월 31일~ 2021년 12월 31일(일몰제 적용)

일몰제가 적용되기 때문에 2021년 논의를 통해 가입기간 연장이나 중단여부가 결정된다.

9. 취급 은행

우리, KB국민, IBK기업, NH, 신한, KEB하나, 대구, 부산, 경남

10. 예금과 적금의 만기를 효과적으로 정하는 방법

신입사원 김은성씨는 적금에 가입하려고 K은행의 홈페이지를 둘러보았다. 1년만기는 연 1.80%, 2년만기는 1.90%, 3년만기는 2.00%의 금리를 준다고 예시되어 있다. 재테크에 익숙하지 않은 은성씨는 금리가 제일 높은 3년만기 적금에 가입하기로 결정했다.

미국이 금리를 올리면 우리나라도 금리를 올리지 않을 수 없다

미국에서 2018년 9월에 기준금리를 0.25% 인상하면서 미국의 기준금리는 2.00%~2.25%이다. 반면에 우리나라는 계속 기준금리를 동결하면서 1.50%로 미국과 0.75%의 금리차가 난다. 미국의 기준금리를 결정하는 FOMC 회의결과를 보면, 올해안에 한차례 정도 금리인상을 더 단행할 가능성이 높다. 미국의 경제상황으로 보면 미국이 올해만 금리인상을 하고 끝내는 것이 아니라 내년에도 계속 금리를 올릴 것으로 대다수의 경제전문가가 예측하고 있다.

이렇게 되면 시기의 문제이지 우리나라도 금리를 올리지 않을 수 없는 상황에 몰린다. 내가 상담할 때 금리와 관련해서 고객들에게 자주 하는 질문이 있다. "미국과 우리나라의 금리가 같다면 당신은 어느 나라에 돈을 맡겨야 더 안심이 되겠습니까?" 이 질문에 대한 답은 100%가 미국이다. 냉정하게 말하면 미국경제는 글로벌 탑이고 우리나라의 경제수준은 이머징마켓에서는 선두주자지만 선진국에서는 하위권으로 평가받고 있기 때문이다. 시점이 문제겠지만 최소한 미국의 금리보다 높은 수준을 유지하지는 못하더라도 동일하게 맞출 가능성은 크다.

금리의 기준이 되는 기준금리가 올라가면 당연히 대출금리와 예금금리도 올라간다. 먼저 대출금리가 올라가고 이어서 예금금리가 뒤따른다. 수익을 쫓는 기업의 속성상 은행은 항상 금리인상기에는 대출금리를 먼저 신속하게 올리고 버티고 버티다 예금금리를 올린다. 반대로 금리하락기에는 예금금리부터 신속하게 내리고 마지막 순간에 대출금리를 내린다.

금리상승기에는 만기를 짧게, 금리하락기에는 만기를 길게

보통 대부분의 국가들이 금리인상이나 인하를 결정할 때, 시장충격을 감안해서 0.25%씩 올리고 내리는 것이 보편적이다. 경제급변기에는 오르고 내리는 폭이 더 클 대도 있다. 우리나라의 기준금리를 미국의 기준금리와 최소한 동일한 수준으로 맞출 것이라고 가정하면 내년에는 금리가 지금보다 1%이상 상승할 가능성이 높다. 우리나라 경제상황이 악화되면 그렇게 빨리 기준금리를 따라 올리지 못할 수도 있겠지만 어느 정도는 근접하게 간격을 좁힐 수 밖에 없다.

글 초반의 김은성씨의 고민으로 돌아가 보자. 현재 K은행의 1년만기 적금금리는 1.8%, 3년만기는 2.0%로 0.2%의 차이이다. 설사 우리나라가 기준금리 인상을 천천히 해서 1년안에 한번만 인상한다고 하더라도 0.25%는 바로 올라간다. 한번만으로 3년만기 이율보다 높아지는 셈이다. 2년안에는 몇 번이나 금리인상을 하게 될까? 아마 미국이 기준금리 인상을 멈출 때까지는 여러 차례 금리인상을 하게 될 것이다. 은성씨는 만기를 1년으로 설정해서 1년 후 더 높아진 금리를 적용받으며 새로 적금에 가입하는 것이 유리하다.

지금처럼 금리상승기에는 예금이나 적금의 만기를 짧게 끌고 가야한다. 반면에 금리인상이 멈추고 그 이후에 금리하락이 예상되면 단기간에 쓸 돈이라면 몰라도 여유있는 자금은 만기를 2~3년정도 길게 정하는 것이 정답이다.

11. 7초 만에 금리 높게 주는 은행 예·적금 찾기

     요즘 같은 저금리시대에는 이자 한 푼이 아쉽다. 금리를 조금이라도 높게 주는 은행을 이용해야 그나마 저금리에 조금이라도 이자를 더 챙길 수 있다. 과거에는 어떤 은행이 금리를 높게 주는지 알려면 시간을 들여 은행 사이트들을 다 돌아다니거나 영업점을 찾아 발품을 팔아야했다. 지금은 금융감독원에서 운영하는 통합플랫폼인 <파인>사이트를 이용해서 몇 가지 조건만 입력하면 집이나 직장 근처에 있는 시중은행이나 저축은행 중에서 금리가 가장 높은 예·적금을 7초만에 찾을 수 있다. 금리가 높아도 찾아가는데 시간이나 교통비가 들면 배보다 배꼽이 더 커진다. 지금부터 찾기 쉬우면서 금리를 조금이라도 더 받을 수 있는 은행의 예금이나 적금을 찾아보자.

1. 네이버 검색창에 <파인> 입력!

2. 금융소비자정보포털 <파인> 클릭!

```
금융소비자정보포털 파인  fine.fss.or.kr
오늘의 금융꿀팁 · 서비스소개 · 금융소비자뉴스 · 금융권 채용정보
금융소비자가 금융거래과정에서 필요하거나 알아두면 유익한 금융정보를 망라하여 제공, 금융감독원 파인, …
```

3. 금융상품 한 눈에 클릭!

4. 부자되세요! 코너의 적금 클릭!

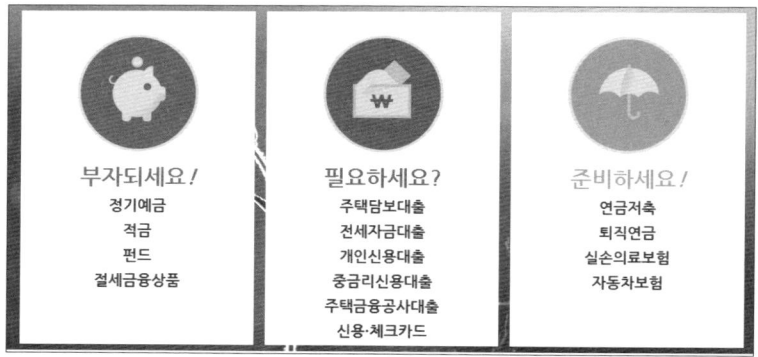

다른 유리한 금융상품이나 대출금리를 확인하는데도 아주 유용하다. 원하는 항목만 클릭하면 된다.

5. 금액, 기간, 적립방식, 금융권역, 지역을 선택해서 금융상품 검색 클릭!

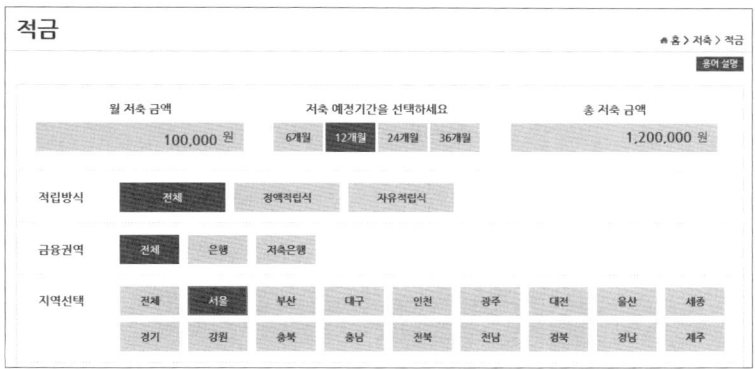

6. 금리가 높은 순으로 검색된다. 집이나 직장 근처에 이용 가능한 은행을 정하자.

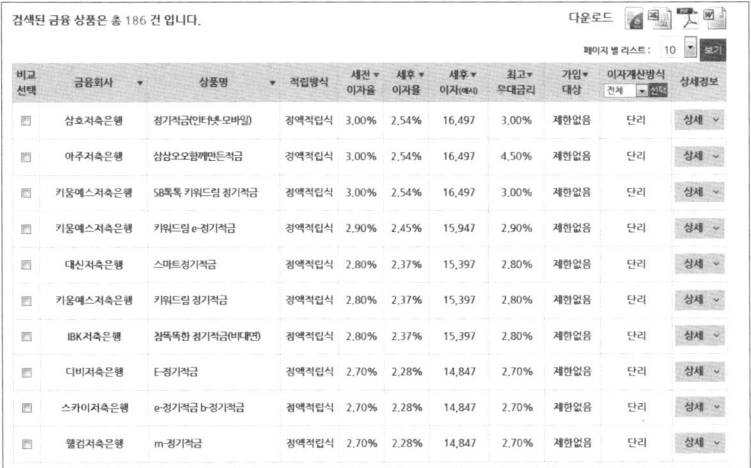

<파인>에서는 최신정보를 제공하지만 은행의 상품별 이자율 등의 거래조건은 수시로 변경되기 때문에 바로 반영이 안 될 수도 있다. 상품을 선택한 후 은행에 찾아가기 전에 사실 여부를 확인하고 가야 낭패를 보지 않는다.

금리가 높은 상품을 골랐다면 지금 바로 은행을 방문하여 예금이나 적금에 가입하자.

12. 투자 상품을 무턱대고 두려워하지 마라

돈을 모으거나 불리기 위해서는 금융상품 이용은 필수이다. 금융상품을 이용할 때 원금이 보장되는 저축상품과 원금손실의 위험은 있지만 투자가 성공하면 더 많은 수익을 얻게 되는 투자상품 사이에서 고민하게 된다. 이럴 때는 현실적으로 위험한 것이 무엇인가에 대해 먼저 생각해 볼 필요가 있다. 일반적으로 원금을 잃을 가능성이 있는 적립식펀드와 같은 투자상품은 위험천만하고 원금이 보장되는 적금이나 예금같은 저축상품은 안전하다고 생각하기 쉽다. 인플레이션을 생각하면 반드시 그렇지 않다. 원금이 보장되더라도 금융회사에서 제시하는 이율이 물가상승률에 못미치면 실질금리는 마이너스이다. 예를 들어 물가상승률이 연3%인데 금리를 연1.5%만 받으면 실질적으로는 원금에 대해 연1.5%를 손해보는 셈이다.

신혼인 최규식, 이은희씨 부부는 결혼하기전에는 원금손실이 두려워 원금이 보장되는 예금과 적금만 주로 이용하였다. 모은 돈은 결혼하면서 집을 구하거나 혼수준비로 모두 사용하였다. 결혼후 이제 다시 돈을 모으려고 은행에 가서 적금을 문의해보니 금리가 너무 낮았다. 원금이 보장되면서 수익률도 높은 다른 좋은 금융상품을 추천받기 위해 나를 찾아왔다. 상담을 통해 7년후 내 집 마련 용도로 저축 여력의 일부를 적립식펀드에 투자할 것을 제안했는데, 부부가 이구동성으로 적립식펀드에 투자했다가 손해를 크게 보면 어떻게 하느냐, 주변에서 적립식펀드에 투자했다가

반 토막이 나서 다시는 적립식펀드에 가입하지 않겠다는 사람들이 많다면서 결정을 망설였다. 이들 부부에게 적립식펀드의 장점과 단점에 대해 자세히 설명해주었다. 위험은 무조건 회피하는 것이 아니라 위험을 잘 알고 관리하면 연평균 5%정도의 수익률은 기대할 수 있다고 했지만 이 부부는 계속 손실에 대해서만 걱정을 했다. 결국 내 제안을 따르지 않았고 그 이후로는 이 부부를 볼 기회가 없었다. 아마 지금도 원금은 보장되면서 수익을 많이 얻을 수 있는 상품을 찾아다니고 있는 것은 아닌지 모르겠다.

사람들은 보통 특별한 이익이 생기지 않는한 행동이나 생각을 바꾸려고 하지 않는 경향이 크다. 이처럼 행동이나 생각을 바꾸는 것보다 현상유지를 선호하는 현상을 '현상유지 편향'이라고 한다. 가만히 있다가 실패하는 것보다 새로운 행동을 한 후에 실패하면 고통이 더 크기 때문에 현상을 유지하려는 경향이 강해지는 것이다.

규식씨 부부는 은행의 예·적금만 이용하다가 미래를 더 철저하게 준비하고 싶은 마음에 지인들의 추천으로 나를 찾아와 재무상담을 받기는 하였다. 위험에 극도로 민감한 이 부부와 같이 현상유지 편향이 강한 사람들은 적립식펀드와 같은 원금손실 가능성이 있는 투자상품에는 눈길을 주지 않는다. 은행의 예·적금에 비해 두 세배 이상의 수익이 가능하다는 사실만으로는 행동이나 생각이 바뀌지 않는다. 주변인들의 펀드투자 실패에 대한 경험도 변화를 선택하지 못하는 결정적인 장애요소였다.

어렸을 때 읽었던 토끼와 거북의 우화에서는 느리지만 성실한 거북이 재빠른 토끼를 이긴다. 하지만 토끼가 결승점에 다 와서 잠만 자지 않았다면 거북은 절대 토끼를 이길 수 없다. 투자도 마찬가지이다. 상품에 대해서 제대로 알고 중도에 토끼가 잠을 자는 것과 같은 잘못된 행동만 하지 않는다면 저축만 하면서 현상유지를 하는 것보다 훨씬 빠르게 목표에 도달할 수 있다. 똑같은 금액을 만드는데 세후 연1.5%짜리 금융상품을 이용하는 거북과 연평균 5%의 수익을 올릴 수 있는 금융상품을 이용하는 토끼가 경주를 한다고 상상해보자. 거북이 토끼와 나란히 결승점을 통과하기 위한 유일한 방법은 토끼보다 몇 배나 많은 금액을 투입하는 것뿐이다. 불행하게도 대부분의 거북이나 토끼가 목표를 위해 투입할 수 있는 금액은 비슷한 수준이다. '현상유지 편향'에 빠져 무조건 원금사수에만 안주하게 되면 거북이로 살면서 느린 걸음만 탓할 수 밖에 없게 된다.

13. 보장성보험을 가입할 때 유의해야할 핵심포인트 10가지

　　　　이십년 넘게 개인 재무설계 상담을 해오면서 잘못 가입한 보험때문에 소중한 돈을 낭비하는 사례를 수없이 많이 보면서 참으로 안타까웠다. 보험은 다른 금융상품에 비해 용어나 내용이 특히 어려워서 잘 가입했는지 아닌지를 일반가입자들이 판단하기가 매우 어려운 상품이다. 과도하게 보장을 설계하여 필요이상으로 많은 보험료를 내고 있는 계약자도 있고, 보험을 가입했지만 막상 사고가 나서 보험금을 청구했는데 보상이 안되는 경우도 꽤 많이 보았다.

　　　　내담자들과 상담하면서 보험에 대해서는 딱 세 가지를 강조한다. 먼저 사망이나 암 같은 큰 병에 걸릴 확률을 감안하고 꼭 필요한 핵심보장 위주로 보험을 설계해야 하며 마지막으로 저비용 & 고효율로 가입하라는 것이다. 저비용이라고 해서 1~2만 원 정도의 저렴한 보험료를 말하는 것이 아니라 꼭 필요한 보장을 받을 수 있는 적절한 보험료를 정하라는 말이다.

　　　　35세 여성이 질병이나 상해로 입원해서 1일 2만원씩 받을 수 있는 특약에 가입하면 100세 만기 20년납으로 한 달 보험료로 약 19,000원을 보험회사에 지불해야 한다. 일 년이면 그 합계보험료가 228,000원이고 5년이면 1,140,000원이다. 이 내용을 풀어보면 이 여성은 상해나 질병으로 매년 11일을 입원해야 1년 동안 불입한 보험료와 비슷한 보험금을 받을 수 있고 5년이면 57일을 입원해야 한다. 보통의 사람들이 이렇게 장기입원하는 것은 확률적으로 발생 빈도가 아주 낮다. 차라리 이런 입원일당은 보험료를 안 내고 안 받으면 그만이다. 20년동안 보험료를 불입하면 입원일당에 대한 총 보험료는 456만원이다. 총 228일을 입원해야 하는 수준인데 누구나 100세까지 이렇게 오래 입원하지는 않는다. 게다가 요즘 병원은 장기입원을 꺼려하고 장기입원이 우려되는 자동차사고 같은 교통재해 사고는 어차피 가해자나 피해자의 자동차보험으로 보상된다.

입원일당 한 가지만 예로 들었는데 보험의 특약에는 이렇게 옥석을 잘 가려야 하는 항목들이 의외로 많다. 보험으로 소중한 돈을 낭비하지 않으려면 가입할 때 올바른 기준을 가지고 모든 보장 항목들을 꼼꼼히 따져봐야 한다. 이미 여러 개의 보험에 가입했다면 내가 가입한 보험이 올바른 기준에 부합하는지 체크해보고 그렇지 않다면 리모델링을 통해 보험료로 새는 돈이 없는지 살펴보아야 한다. 어떤 기준으로 가입해야 보험에 잘 가입할 수 있는지 핵심포인트 10가지를 잘 기억해두자.

첫째, 보험회사 좋은 일 시키지 말고 내 돈은 내가 굴리자

꼭 필요한 보험에 최소비용으로 가입하고 나머지 여유돈은 저축이나 투자를 해서 돈을 모으는 것이 더 낫다. 현재 월 보험료로 20만원을 내고 있다고 가정해보자. 이 보험을 꼭 필요한 보장만 남기고 대신 보험료를 10만원으로 줄일 수 있다면 어떤 효과가 있을까? 보험의 납입기간을 대게 20년으로 설정하는데 보험료 20만원을 10만원으로 줄이면 "줄인 보험료 10만원 × 12개월 × 20년 = 원금만 2,400만원"이다. 꼭 필요한 보장은 보장대로 받으면서 추가로 2,400만원을 모을 수 있는 것이다. 적금이나 적립식펀드를 이용하면 모을 수 있는 금액은 더 커진다. 보험에 가입하지 않거나 부실하게 가입하는 것도 문제이지만 과하게 가입하여 쓸데없이 돈을 낭비하는 것은 더 큰 문제이다.

둘째, 보험 해약환급금에 집착하지 말자

　　　　보험에 가입할 때 자신에게 딱 맞는 보험을 선택하기 위해 꼼꼼히 따져보는 것이 해약환급금에 집착하는 것보다 훨씬 더 중요하다. 잘 가입한 보험은 만기전에 해약하지 않도록 하자. 중간에 해약하면 보장을 더 이상 받을 수 없기 때문에 보장을 받으려면 다른 대안없이 해약을 하면 안 된다. 해약환급금을 많이 받으려면 보험료가 비싼 주계약 보장금액을 쓸데없이 크게 하거나 불필요하게 납기를 짧게 하여 보험료를 많이 내면 된다. 종신보험을 비롯한 대부분의 보험은 사망과 동시에 사망보험금이 지급되면서 상황이 종결된다. 대부분 보험료를 더 많이 냈다고 사망보험금에 해약환급금을 더 해서 주지는 않는다. 만기가 있는 보험은 만기때 물가상승에 따른 화폐가치의 하락으로 불입한 원금을 받더라도 그 가치는 지금 돈의 가치가 아니라 크게 쪼그라든 가치이다. 해약하려고 보험에 가입하는 것이 아니라 만일의 사고에 대비하기 위해 가입하는 것이니만큼 가입한 보험 안에 쌓여있는 돈에는 큰 의미를 두지 말자. 해약환급금에 집착하면 쓸데없이 비싼 보험료를 내야 한다.

셋째, 물가상승에 따른 보험금 가치하락을 미리 걱정할 필요없다

30세 여성이 암에 걸렸을 때 3,000만원을 보장받을 수 있는 암보험에 가입했는데 물가상승률을 연평균 3%라고 하면 24년후인 54세에는 그 가치가 1,500만원으로 줄어든다. 다시 24년이 지난 78세에 그 가치는 750만원이 된다. 시간이 경과할수록 물가가 상승함에 따라 화폐가치가 하락하여 보험금은 점점 작아진다. 하지만 지금 인플레이션을 걱정하여 먼 훗날에 실질적인 보험금을 받겠다고 지금 더 많은 보험료를 지불하는 것은 옳지 않다. 지금은 불확실한 미래를 대비하기 위한 보험보다는 아이들 교육비나 노후 등 반드시 발생할 사건을 준비해야 하는 부담이 더 크다. 비용과 편익이 중요한 포인트이다. 65세이전에 암에 걸릴 확률은 열 명 중에 한 명도 안 된다. 차라리 보험료를 더 많이 낼 돈으로 저축이나 투자를 해서 인플레이션으로 줄어드는 보험금의 가치를 보전하는 것이 확률적으로는 더 현명한 선택이다. 정말 운이 나쁘게 암에 걸릴 가능성이 전혀 없는 것은 아니기 때문에 꼭 필요한 보험은 가입하되 보험료는 가능하면 적게 내고 미래를 위해서는 보험이 아닌 저축이나 투자로 목돈을 모아 그 때를 대비하자.

넷째, 80세 만기상품을 100세 만기상품으로 바꿀 필요는 없다

'100세시대'라고들 하지만 지금 태어나거나 유치원에 다니는 아이들을 제외하고는 실질적으로 100세까지 사는 사람은 드물 것이다. 100세시대라는 용어는 소비자보다는 판매자가 마케팅을 위해 만든 용어이다. 몇 년 전까지만해도 보험은 80세 만기상품이 주를 이뤘다(종신보험이라도 사망보장만 종신이지 부가되는 특약은 80세 만기가 일반적). 100세 만기상품이 출시되면서 80세 만기 보험상품을 100세 만기로 갈아타라는 보험설계사들이 많았다. 보험가입자들도 듣고 보니 그래야 할 것 같아서 기존 80세 만기 보험을 해약하고 100세 만기 보험으로 갈아탔다. 앞에서 언급했듯이 인플레이션에 따른 화폐가치 하락을 감안하면 80세에 받는 보험금이나 100세에 받는 보험금이나 대세에 큰 지장이 없는 똑같은 푼돈이다. 게다가 여태까지 보험료를 불입했던 시간은 다 날아가고 다시 20년을 불입해야 한다(80세 만기나 100세 만기 모두 20년납을 선택한다고 가정했을 때). 보험에 새로 가입하는 사람은 혹시 모르니 100세 만기 상품에 가입하는 것이 낫겠지만 기존 80세 만기 가입자는 100세 만기 상품으로 갈아탈 필요는 없다.

다섯째, 형편이 어려우면 단독형 실손 의료비 보험간이라도 가입하자

보통 형편이 어려워지면 지출중에서 저일 먼저 보험료를 줄인다. 돈이 아깝다고, 그동안 아무 일 없었다고 무작정 보험부터 해약해서는 안된다. 보험이라도 있으니 만일의 위험이 생겨도 최악의 상황을 면할 수 있지만, 보험을 해약하는 순간 무방비 상태가 된다. 부채가 많거나 형편이 어려운 사람이 보험마저 없으면 아프거나 다쳐도 돈이 없어 치료를 못 받거나 치료비를 대느라 가뜩이나 어려운 살림이 더 궁핍해질 수 있다.

쓸데없는 보험은 정리해라. 그래도 부담이 되면 꼭 필요한 보장 항목만 남기고 뺄 수 있는 기준선(보험회사마다 제한조건이 있다)내에서 부분 해약을 하라. 그것마저 어려워서 모두 해약을 해야 한다면 실제 치료비를 보상받을 수 있는 단독 실손 의료비 보험만이라도 가입해야 한다. 실손의료비 보험만 가입해도 질병이나 상해로 입원할 때 10%(최대 200만원)의 자기부담금을 제하고 5,000만원까지(최대 4,800만원) 입원비와 치료비를 보장 받을 수 있다. 통원할 때는 병원 등급에 따라 정해진 자기부담금을 제하고(개인의원 1만원, 중형병원 1.5만원, 대학병원 2만원, 약값 8,000원) 30만원까지 통원비와 약값을 보상받을 수 있다. 보험회사마다 차이는 있지만 만30세 여성은 월 보험료가 11,450원, 30세 남성은 월 9,910원 정도만 부담하면 된다.

여섯째, '갱신형'으로 가입할 수 밖에 없다면 몰라도 나머지는 '비갱신형'으로 가입하자

　　　　　보험료를 정해서 불입하는 방식에는 갱신기간을 정해 놓고 갱신할 때마다 보험료를 다시 산정해 보험료가 변동되는 '갱신형'과 처음에 정한 보험료가 납입기간 동안 변동되지 않는 '비갱신형'이 있다. 보험가입자 입장에서는 보험회사의 상품규정에 따라 반드시 '갱신형'으로 가입해야 하지 않는 한 보험료가 변동되지 않는 '비갱신형'으로 가입하는 것이 대부분 유리하다. 이 내용은 198p의 <보험 가입! 갱신형? 비갱신형?>에 상세히 정리해 두었으니 참고하면 된다.

일곱째, 실손 의료비는 보험료가 비싸져 100세까지 갱신하지 못할 수도 있다

　　　　　30세 여성은 단독 실손 의료비 보험에 가입할 때 월 보험료가 11,450원 정도이다. 앞에서도 설명했듯이 갱신할 때마다 보험가입자의 나이와 손해율에 따라 보험료가 변동된다. 현재 보험료 기준으로 50세 여성은 월 보험료가 29,080원, 60세 여성은 39,350원 정도이다. 갱신 시점마다 보험료가 올라간다고 해도 비갱신 보험료의 불입이 완료되어 갱신보험료만 불입하면 되기 때문에 60세까지는 현재 보험료 기준으로는 그나마 보험료를 낼 수는 있다. 그렇지만 70세~100세까지 계속 갱신을 하게 되면 그 과정에서 보험료가 너무 올라 보험료를 불입하기가 어려울 정도가 되면 비용과 편익을 고려하여 갱신 여부를 결정해야 할 수도 있다. 차라리 갱신을 안 하고 보험료를 따로 모으는 것이 때로는 더 유리할 수도 있다. 이런 위험에 대비하여 은퇴시기에 접어들 때 자산 중에 일부를 떼어 의료비 통장을 별도로 만들어 놓는 것이 좋다. 대략 60세 기준으로 현재가치로 3000만원 정도만 준비해 놓으면 실손 의료비 보험이 없어도 돈이 없어 치료를 받지 못하는 일은 생기지 않는다. 보험 하나 가입해놓고 평생 안전하다고 생각하지는 말자. 이런 위험에 대비하여 은퇴시점에 의료비 통장을 별도로 만들어 놓아야한다. 걱정만큼 보험료가 오르지 않는다면 그 돈은 노후자금으로 사용하면 된다.

여덟째, 사망보험은 비싼 종신보험 대신 저렴한 정기보험으로 대비하자

종신보험은 주계약이 비싼 보험이다. 어떤 원인으로 사망하던 무조건 보험금을 지급하는 보험금이나 중간에 해약했을 때 돌려받는 해약환급금은 대부분 주계약 가입금액에 의해 결정된다. 먼저 사망보장이 언제까지 필요할지 잘 생각해보자. 특별한 경우가 아니면 어린자녀가 독립할 때까지만 사망보장을 받으면 된다. 30세 남성기준으로 1억원의 사망보험금을 보장받기 위해 20년을 불입하는 종신보험에 가입하게 되던 매달 약20만원의 보험료를 불입해야 한다. 대신 60세까지 보장받을 수 있는 정기보험으로 동일한 보장금액을 준비한다면 매달 약2만5000원만 불입하면 충분하다. 사망 보장에 대해 종신보험이 아니라 정기보험을 선택해야 하는 이유이다.

아홉째, 10년 20년처럼 보장기간이 너무 짧은 것은 문제가 있으니 리모델링하자

내담자들의 보험증권을 살펴보면 암보험이나 성인병 보험이 나이와 관계없이 10년만기 10년납입 또는 20년만기 20년납입 조건으로 가입되어 있는 것을 종종 보게 된다. 이런 조건으로 보험에 가입했다면 만기후에 문제가 생긴다. 20년만기 상품은 20년 후에는 보장이 끝나는데 보장을 계속 받으려면 새롭게 보험에 가입해야 한다. 그 때는 나이가 많아져서 같은 보장을 받는 조건이라도 보험료를 비싸게 내야 한다. 더 큰 문제는 건강에 이상이 있었거나 그 시점에서 생겼다면 보험가입이 안 되거나 나쁜 조건으로 가입해야 할지도 모른다. 사망보장 보험과는 달리 암이나 성인병같은 질병보장 보험은 나이가 많아질수록 발병확률이 높아지니 한 살이라도 적을 때 미리 가입해야 한다. 지금 당장 보험증권을 확인해보고 이런 조건으로 보험에 가입되어 있다면 오늘이라도 당장 잘못된 것을 바로잡자.

열째, 보험은 한 두 개로 가입을 종결하자

보험은 여러 개를 가입하면 그 자체가 낭비이다. 가입한 보험마다 사업비가 포함되어 있어서 그 사업비의 합이 1~2개를 제대로 가입할 때보다 훨씬 많아진다. 여러 개를 가입하다 보면 어떤 보장항목은 보험마다 다 들어있기 때문에 쓸데없이 보험료를 이중 삼중으로 내게 된다. 보험료를 아끼려고 보장을 너무 약하게 구성하는 것도 위험하지만 쓸데없이 과하게 구성하여 보험료를 많이 내는 것도 낭비이다. 경제적 가장을 제외한 가족구성원 대부분은 실손의료비 보장을 주축으로 암이나 성인병, 상해 등 필수 보장항목만 잘 구성하여 한 개만 제대로 잘 가입하면 충분하다. 보험특약마다 비용대비 편익을 고려하여 효과가 떨어지는 보장항목은 과감하게 제거해야 한다. 각각의 보장항목들을 보험료가 싸다고 별로 필요하지도 않은데 설계사가 권하는대로 가입하거나 별도로 추가하다보면 내야할 보험료가 계속 늘어난다. 가족의 보험료를 다 더하면 그 차이가 상당히 커진다. 자녀가 있는 가장이라면 자녀가 독립할 때까지 가장만 불의의 사망에 대비해 상대적으로 저렴한 정기보험을 추가로 가입하면 된다. 4인가구 기준으로 가족의 월 보험료 합계가 25만원~30만원을 넘으면 문제가 있다고 생각한다. 가입한 보험이 목적에 맞게 효과적으로 제대로 가입되어 있는지 꼼꼼히 잘 살펴봐야 한다. 군제를 발견하면 당장 리모델링을 해서 가능한 최저로 보험료를 줄이자.

14. 보험 가입! 갱신형? 비갱신형?

올 봄에 중견 화장품회사에 입사한 25세 장소희양은 월급을 잘 관리하고 싶어서 재무상담을 신청했다. 상담을 하면서 엄마가 대학생때 가입해 준 보험이 암진단비를 비롯한 주요 특약들이 갱신형으로 가입되어 있어 앞으로 보험료가 많이 오를지 모르니 지금 당장 보험리모델링을 해야 한다고 상세히 설명해 주었다. 소희양은 갱신형과 비갱신형에 대한 용어 자체도 생소했고 내용도 이해가 잘 안가서 일단은 생각해 보겠다고 말하고 집으로 돌아갔다.

보험은 만기와 납기가 있다. 만기는 보장을 받을 수 있는 기간이고 납기는 보험료를 불입하는 기간이다. 보통 보험증권 상에는 100세/20년 또는 3년(최대 100세)/3년 갱신(보험회사마다 표기법이 다를 수 있다)이라고 주계약이나 특약 옆에 표기되어 있다. 100세/20년은 100세까지 보장받을 수 있는데 동일한 보험료를 20년 동안 내야한다는 의미이다. 3년(최대 100세)/3년 갱신은 100세까지 보장을 받을 수는 있지만 3년마다 갱신을 해야 하며 보험료가 변동될 수 있다는 것을 의미한다. 전자를 비갱신형이라고 하고 후자를 갱신형이라고 한다. 비갱신형은 납기동안 보험료가 변동되지 않으니 가입자에게 보험료 상승의 위험이 없다. 갱신형은 갱신될 때마다 나이와 손해율에 따라 보험료가 변동되기 때문에 가입자에게 보험료 상승 위험이 있다.

암 진단비 2,000만원을 100세만기 20년납으로 가입했다고 가정하면 보험회사에서 100세까지 성별, 나이별 암 발생 확률이나 손해율을 감안하여 평균보험료를 정한다. 가입자는 가입 후에 상황이 변하여 나이가 많아지고 암 발병률이나 손해율이 높아지더라도 추가로 보험료를 더 내지 않는다. 20년동안 처음 가입할 때와 동일한 보험료만 불입하면 100세까지 보장받을 수 있다. 이런 계약조건을 비갱신형이라고 한다.

암 진단비 2,000만원을 3년(최대 100세)/3년 갱신으로 가입했다고 가정하면 보험회사에서 성별, 나이별 암 발생 확률이나 손해율을 감안하여 3년동안의 평균보험료를 정한다. 3년후 갱신할 때 나이가 많아지고 암 발병확률이나 손해율이 올라가면 보험료가 올라간다. 가입자가 갱신에 동의하면 다시 3년 동안 올라간 보험료가 적용된다. 100세까지 3년마다 올라가는 보험료에 대한 갱신 동의 상황이 반복되는데 그 기간 동안 보험료가 얼마나 오를지는 보험회사도 가입자도 예측할 수 없다. 이런 계약 조건을 갱신형이라고 한다.

갱신할 때 보험료를 변동시키는 주요 요인은 나이와 손해율이다. 보험료는 일정시기 이후에는 나이가 많아질수록 점점 비싸진다. 손해율은 보험회사가 받은 보험료와 실제로 지급한 보험금과 관련된 비율이다. 갱신기간동안 보험회사가 보험금으로 100원이 지급될 것으로 예상하고 보험료를 정했는데 보험금으로 120원이 지급되면 손해율이 올라간다. 100원 미만으로 보험금이 지급됐다면 손해율이 낮아져 갱신할 때 보험료가 동결되거나 낮아진다. 갱신형은 불확실한 미래 상황으로 인한 보험료 상승의 리스크를 보험가입자가 부담한다.

보험의 보장항목은 실손의료비 항목이 있고 암진단비, 심근경색진단비 등의 항목들이 있는데 이러한 항목들을 다양한 형태로 조립할 수 있다. 질병/상해 입원의료비, 외래의료비, 약제의료비 등을 보상하는 실손의료비 보험은 과거에는 건강 종합보험에 주로 특약으로 가입했으나 지금은 단독으로만 가입이 가능하다. 실손의료비는 비갱신형은 없고 판매하는 모든 보험회사의 보상내역이 동일하다. 100세까지 보상받을 수 있는 대신 1년마다 갱신해야 한다. 가입시점에서 회사마다 보험료 차이는 있을 수 있지만 처음 가입할 때 보험료가 싸다고 반드시 가입자에게 유리한 것은 아니다. 갱신할 때 보험료가 변동되기 때문이다. 실손의료비는 판매하는 모든 보험회사가 보험료 이외에는 동일한 조건을 가졌기 때문에 갱신형 여부를 따질 필요는 없다.

암이나 뇌졸중, 심근경색과 같은 성인병을 보장하는 항목, 수술비, 입원일당 등의 항목들은 가입자가 갱신형이나 비갱신형을 선택할 수 있다. 판매하는 회사에 따라서는 아예 비갱신형을 선택할 수 없고 갱신할 때 보험료 상승 위험이 큰 보장항목들에 대해 갱신형으로만 가입할 수 밖에 없는 상품도 있다. 일반적으로 실손의료비와 같이 반드시 갱신형으로 가입해야 하는 보장항목 말고는 비갱신형으로 가입하는 것이 유리하다. 갱신형은 80세나 100세까지 약정한 기간동안 계속 갱신여부를 선택해야 하는데 가입할 때는 보험료가 낮더라도 갱신할 때마다 보험료가 올라가고 일정 나이 이상이 되면 보험료가 급격하게 올라가 가입자의 부담이 커진다. 때로는 부담이 너무 커 갱신을 못할 수도 있다.

비갱신형을 선택할 수 있지만 현재 보험료가 저렴한 갱신형에라도 가입해야 할 때가 있다. 경제적 상황이 너무 나빠 보험료를 불입하는 것이 부담스럽지만 질병에 걸리면 치료비가 많이 드는 암이나 뇌졸중 같은 성인병을 보장받기 위해서이다. 이럴 경우에는 경제적인 상황이 나아질 때까지 임시방편으로 보험료가 상대적으로 저렴한 갱신형 보험이라도 가입해 놓아야 만일의 위험에 대비할 수 있다. 보험은 건강할 때는 가입자가 갑이지만 아프거나 병력이 있으면 을로 전락한다. 보험가입이 안 되거나 어떤 부위에 대해서는 보장을 해주지 않는 등 가입조건이 나빠질 수 있으므로 경제상황이 좋아지면 재빨리 비갱신형으로 갈아타는 것이 좋다. 다시 한 번 강조하지만 보험료를 불입하기 어려울 정도의 경제상황이 아니라면 실손의료비처럼 반드시 갱신형으로 가입할 수 밖에 없는 항목을 제외하고는 무조건 비갱신형으로 가입하는 것이 유리하다. 만일 내가 들고 싶은 보험이 있어 알아보던 보험회사에 갱신형 상품밖에 없다면 다른 회사 상품을 찾아보는 것이 좋다. 그러니 사례자인 소희양도 지금 당장 가입한 보험상품을 리모델링하는 것이 현명한 선택이다.

15. 더 늦기 전에 개인연금으로 노후를 준비하라!
- 개인연금에 가입해야 할 때 알아야 할 것들

요즘 상담을 받으러 오는 젊은 친구들을 보면 현실적으로 지금 당장 노후준비를 시작하기가 어려워서 그렇지 예전과 달리 노후준비를 빨리 시작해야 한다는 공감대는 가지고 있다. 수명은 길어졌는데 열심히 사셨던 부모님들이 노후준비 부족으로 경제적인 어려움에 빠져 힘들어하는 모습을 보고 있기 때문이다. 부모님들이 노후준비를 안 하고 싶어서 안한 것이 아니라 젊은시절 주택구입에 따른 대출상환이나 자녀교육 등 발등에 떨어진 불부터 끄느라 은퇴를 맞으면서도 준비를 못했거나 준비가 크게 부족하게 되었다.

노후준비에는 더 긴 시간, 더 많은 금액, 더 높은 수익률이라는 '3 더 원칙'이 있다. 시간을 놓치면 더 많은 금액을 불입해야 하고 더 높은 수익률을 올려야 하기 때문에 골든타임인 30대를 놓치면 노후준비는 부실해질 수 밖에 없다. 30대에 돈이 부족하면 쓸 돈이 더 많아지는 40~50대에는 더 부족할 가능성이 많다. 늦어도 30대에 적은 돈이라도 개인연금에 가입하여 노후준비를 시작해야하는 이유이다. 다양한 개인연금 중에 어떤 상품을 선택하면 좋을까. 개인연금을 선택할 때 필요한 주요 기준과 활용방법에 대해 알아보자.

개인연금을 간단하게 분류하면, 사람마다 조금씩 다르겠지만 크게 2가지로 구분할 수 있다. 하나는 기본적으로 연말정산을 통해 세액공제를 받는 대신 중간에 해지하면 세액공제를 받은 것을 토해내고 연금으로 받을 때 연금소득세를 내야 하는 "적격 연금상품"과 또 하나는 세액공제는 못 받지만 10년이 지나면 비과세 혜택을 받을 수 있고 연금을 받을 때 연금소득세를 내지 않아도 되는 "비적격 연금상품"으로 나눌 수 있다.

적격상품인 연금저축은 다시 적립이나 투자하는 방법에 따라 연금저축보험, 연금저축펀드, 연금저축신탁(신탁은 가입자가 적으므로 이 글에서는 다루지 않음)으로 구분된다. 비적격상품도 마찬가지로 공시이율(정기예금이율 정도로 이해하면 됨)로 적립되는 일반연금과 펀드에 투자하는 변액연금으로 구분할 수 있다.

기본적으로 펀드는 초기사업비가 적은데 비해 보험상품은 초기사업비가 높다. 연금으로 지급 받을 때 신탁이나 펀드는 종신연금형이 없이 10년, 15년, 20년 등 기간을 정해서 나누어 받지만 연금저축보험이나 비적격 개인연금보험은 연금을 지급 받을 때 자유롭게 기간을 정해 놓고 받을 수도 있고, 사망할 때까지 받을 수 있는 종신연금형을 선택할 수도 있다.

개인연금 가입할 때 어떤 점을 고려해야 하나

개인연금을 가입할 때는 먼저 본인의 수입을 고려해야 한다. 개인 수입에 따라 세액공제 연금상품이 유리한지 아니면 비적격 연금상품이 유리한지 판단하는 것이 좋다. 소득이 적어 연말정산을 통해 낼 세금이 없거나 아주 적은 사람들은 비과세 혜택이나 연금을 받을 때 연금소득세를 내지 않는 비적격 연금상품에 가입하는 것이 유리하다.

개인 수입이 많아 결정세액이 많을 경우에는 세액공제 효과가 중요하므로 우선적으로 연금저축을 가입하는 것이 좋다. 연봉 5,500만원을 기준으로 그 이하인 사람은 연간 불입한도액 400만원의 16.5%인 66만원을, 초과하는 사람은 13.2%인 52만8천원을 납입할 세금이 있다면 빼주면 된다.

소득이 없는 전업주부 등은 세액공제 혜택을 받지 못하므로 연금저축보다는 비적격 연금보험에 가입하는 것이 낫다.

절세도 좋지만 유동성이 더 중요하다

연금저축과 개인형 퇴직연금(IRP)을 합해 연간 700만원 한도까지 세액공제를 받을 수 있다. 세액공제에 관심이 많은 사람들은 연간 700만원을 가득 채우기도 하는데 30대는 꽉 채우기보다는 유동성을 먼저 생각해서 적절한 금액을 불입하는 것이 좋다.

당장 눈앞에 준비해야 할 재무목표가 많기 때문에 목돈이 필요할 때가 많은데 이 상품들은 연금으로 받지 않고 중도에 해지하면 16.5%의 기타소득세를 내야 된다. 세액공제 받은 것을 다 토해 내야하는 페널티가 큰 상품이다.

처음에는 매월 불입할 수 있는 범위를 정해서 적절한 금액을 붓다가 소득이 올라갈 때마다 보험은 추가납입으로 펀드는 불입금액을 늘리면 된다.

연금저축보험이나 연금저축펀드 중에 어느 상품을 선택하나

사업비만 비교하면 불입보험료의 7~9%를(회사마다 차이가 있음) 제하고 적립하는 연금저축보험보다는 불입금액의 1.5% 내외를 제하고 적립되는 연금저축펀드가 월등히 유리하다. 하지만 사람마다 투자성향이 다르고 두 상품의 연금지급방법에 차이가 있기 때문에 자신에게 맞는 상품을 선택하는 것이 좋다.

예전에 상담할 때 한 고객에게 연금저축펀드를 권한 적이 있는데 그 분은 납입이 완료된 시점에서 원금 손실이 나는 것을 극도로 싫어했기 때문에 연금저축보험을 선택했다. 그 분처럼 원금손실이 나는 것을 싫어한다면 연금저축펀드보다는 연금저축보험에 가입하는 것이 낫다. 사망할 때까지 연금을 지급받고 싶다면 연금저축보험만이 그 니즈를 맞춰줄 수 있다. 반면에 위험을 무릅쓰더라도 투자를 적극적으로 해서 세액공제에 더해 높은 수익률을 올리고 싶다면 연금저축펀드에 가입하는 것이 낫다. 연금저축 펀드에도 상대적으로 안전한 채권형이나 혼합형 펀드상품도 있고 적절한 시점동안 적립한 후에 펀드이동이나 전환을 통해 안전상품으로 갈아탈 수 있는 방법도 있다.

여성은 납입의 유연성이 있는 연금저축펀드에 가입할 것을 추천한다. 출산으로 휴직하게 되거나 퇴직을 하게 되면 소득이 적거나 없어져 세액공제를 누릴 수 없는데 비해 가계소득은 줄기 때문에 납입을 중단했다가 다시 이어갈 수 있는 연금저축펀드가 납입의 유연성면에서 장점이 될 수 있다.

10년이 지나면 비과세 혜택을 받을 수 있는 공시이율연금과 변액연금

비적격 연금에는 정기예금 이율과 같이 금리로 적립해 연금액을 결정하는 공시이율연금이 있다. 펀드에 투자해 펀드수익률에 따라 연금액이 결정되는 변액연금도 있다. 비적격연금은 적격연금인 연금저축 상품처럼 세액공제 혜택이 없는 대신 10년이 지나면 비과세 혜택이 주어진다. 연금저축 상품은 연금을 받을 때 연금지급연령에 따라 3.3%~5.5%의 연금소득세를 내야한다. 반면에 비적격 연금은 연금소득세를 내지 않는다. 연금저축은 55세 이전에 해지하면 기타소득세 16.5%가 적용돼 세액공제 받은 것을 토해내야 한다. 비적격연금은 10년 이내에 해지하면 이자소득에 대해 15.4%의 이자 소득세를 제한다. 10년이 지나면 이자소득세가 없이 비과세이다. 연금저축이 55세부터 연금을 받을 수 있는 반면 비적격 연금은 45세부터 연금으로 받을 수 있다. 그럴 경우 연금지급시기(45세 - 5년)인 40세에 보험료 불입이 완료되고 5년간의 거치기간을 확보해야 한다.

공시이율연금은 물가상승에 따른 화폐가치 하락에 취약하다

변동금리를 적용하는 공시이율연금은 원금손실의 위험이 없는 대신 물가상승에 따른 화폐가치 하락분을 반영하지 못해 불입할 때는 큰 돈이지만 받을 때는 가치가 떨어진 돈으로 받을 수 있다. 다시 말해 물가상승률이 연평균 3%라고 가정하면 현재 불입해야 하는 10만원의 가치는 연금을 받는 20~30년 후에는 명목금액이 같은 10만원이라도 화폐가치로 따지면 대략 5만원 정도이고, 연금을 받는 기간이 늦어질수록 화폐가치는 점점 더 떨어진다. 물가상승률보다 높은 금리로 운용되어야 화폐가치를 반영하여 실질적인 연금을 받을 수 있는데 현실은 적용금리보다 물가상승율이 높으므로 공시이율연금은 화폐가치 하락에 취약하다.

명목금액으로 따지면 정기적으로 공시이율을 결정해 그 금리를 적용하기 때문에 원금 이상의 적립액이 쌓인다. 원금손실을 극도로 싫어하는 사람들에게는 하나의 선택지가 될 수 있다. 종신형 연금을 선택하면 사망할 때까지 연금을 받을 수 있다. 결혼한 부부는 연금지급시기에 부부형을 선택하면 부부가 모두 사망할 때까지 계속 연금을 받을 수 있다. 연금 지급시점의 건강상태나 재정적인 여건에 따라 연금 지급방법을 다양하게 선택할 수 있다.

펀드에 투자하는 변액연금은 투자 수익률에 따라 연금액이 달라진다

펀드에 투자하는 변액연금이 출시된 이유는 2000년대 들어 저금리가 고착화되었기 때문이다. 위에서 설명한 것처럼 공시이율로는 물가상승에 따른 화폐가치의 하락을 이겨낼 수 없고 지금처럼 낮은 금리로는 연금준비금을 늘리는데 한계가 있다. 변액연금은 펀드에 투자해서 물가상승률 이상의 수익률을 올려 화폐가치 하락을 방어하고 연금 준비금을 최대한 많이 늘리려는 목적으로 탄생한 연금상품이다.

변액연금은 노후를 대비하는 연금상품이기 때문에 안정성이 중요하다. 노후에는 투자수익률보다 그때까지 적립한 연금준비금을 잃지 않는 안정성이 더 중요하다. 전체 금액의 50%는 상대적으로 안전한 채권에 투자하도록 법으로 정해져 있다. 나머지 50%는 가입자들의 투자성향에 따라 주식형이나 혼합형으로 투자할 수 있다. 국내 주식에만 투자해도 되고 미국이나 중국과 같은 해외 주식으로 분산하여 투자할 수도 있다. 초기에 출시된 상품은 연금지급시기 전까지는 매월 불입하는 불입금이나 불입금을 운용하여 쌓여가는 적립금을 펀드에 투자한다. 연금지급이 결정된 후에는 연금 준비금은 공시이율로 안정적으로 운용한다. 요즘 출시되는 상품은 불입이 끝나고 연금이 개시된 연금 준비금에 대해 공시이율로 불리거나 아니면 펀드에 계속 투자할 수 있는 옵션을 부여한다. 연금 준비금에 대한 투자를 선택하게 되면 원금 손실의 위험은 있다. 그 위험을 감수하고 투자에 성공해 더 많은 연금을 받기를 원하는 가입자만 연금 준비금을 계속 투자할 수 있는 옵션을 선택하면 된다.

변액연금은 적절한 시기마다 펀드 변경이 중요하다. 불행하게도 대부분의 가입자는 금융지식이 부족하여 적절한 시점에 펀드를 변경하기 어려울 뿐만 아니라 자신이 어떤 스타일의 펀드에 투자하고 있는지도 잘 모르는 사람들도 꽤 많다. 펀드 변경을 안 하거나 잘못할 경우에는 공시이율 연금만도 못한 결과가 나올 수 있다. 변액연금 가입자는 자신이 선택한 펀드에 대해 잘 알고 변화하는 금융환경에 맞춰 적절하게 펀드변경을 잘해야 원하는 결과를 얻을 수 있다. 스스로 공부해도 내용을 잘 모르겠으면 믿을 수 있는 전문가의 조언을 받기 바란다. 연금지급방법은 공시이율 연금과 마찬가지로 종신형, 부부형 등 다양한 방법을 선택할 수 있다.

보험 상품은 공시이율연금이나 변액연금이나 수익률이 높은 상품이 아니다

보험설계사들로부터 연금상품은 비과세 혜택이 있고 복리효과로 수익률이 높으니 안심하고 가입하라는 권유를 많이 받는다. 그 설명에 혹해 가입한 사람들도 꽤 있을 것이다. 가입한 사람들에게는 미안한 이야기지만 공시이율연금이나 변액연금을 비롯한 모든 보험상품은 절대 수익률이 높지 않다. 회사나 상품마다 사업비구조가 다르지만 다른 비용을 감안하지 않더라도 매월 불입하는 보험료에서 기본적으로 사업비라는 명목으로 12~15%를 제하고 적립되거나 펀드에 투자된다. 매월 10만원을 불입한다면 10만원 중에 88,000원~85,000원만 적립되는 것이라 대략 7~8년은 경과되어야 납입보험료 누적액과 적립액이 같아진다. 이런 구조의 상품이 수익률이 높으면 얼마나 높겠는가?

대신 보험상품에는 장점 아닌 장점인 강제저축 기능이 있다. 어차피 연금을 비롯한 저축성 보험은 15년 이상의 장기목표를 달성하기 위해 가입하는 상품이다. 푼돈으로 목돈을 만들 수 있는 상품인 것이다. 매월 10만원씩 10년을 불입하게 되면 10년후에 1,200만원+@의 목돈이 만들어지고 매월 20만원을 10년간 불입하면 2,400만원+@의 목돈이 만들어진다. 살다보면 급하게 돈이 필요할 때가 있다. 그럴때 적금이나 예금을 중도에 해지하게 되면 약속한 이자를 받지 못한다. 보험은 가입한 지 7~8년이 안되어 해지하면 원금조차 돌려받지 못한다. 갑자기 급한 사정이 생겨 해약하려고 콜센터에 문의했더니 원금의 80%밖에 받을 수 없다는 말을 듣는다면 가입자들은 대부분 어떻게 할까? 그럴때는 피치 못할 상황이 아니라면 대부분 보험을 해지하지 않고 다른 경로를 통해 돈을 구한다. 대부분은 원금 손실을 극도로 싫어하기 때문에 이때부터 가입한 상품이 마음에 들지 않더라도 원금에 도달할 때까지는 비자발적인 장기투자자가 되어 계속 보험료를 불입하게 된다. 그러다보면 원금을 초과하게 되고 이때부터는 이자나 수익을 체감할 수 있기 때문에 긴급한 상황이 아니라면 계속 유지한다. 그러다보니 원래의 목적대로 연금으로 사용하게 된다.

추가납입 기능을 활용해 수익률을 높여라

지금은 추가납입제도가 가입자들에게 많이 알려져 있지만 예전에는 보험설계사들이 가입자에게 추가납입의 이점을 굳이 설명하지 않았다. 수당에 전혀 반영이 되지 않기 때문에 가입자가 추가납입을 하는 것보다 가입을 할 때 월 보험료를 1만원이라도 더 높게 계약하는 것이 설계사에게 유리했기 때문이다. 거꾸로 말하면 가입자 입장에서는 계약을 할 때 많은 돈을 불입하는 조건으로 계약하기 보다는 기본 보험료를 적당히 설정하고 추가납입 제도를 적절히 활용하는 것이 유리하다. 기본 보험료로 매월 불입하는 보험료의 사업비가 12%~15% 정도라면 추가납입 보험료에 대한 사업비는 0%~2.5%이다. 기본보험료의 2배까지는 추가납입이 가능하다. 그럴 경우 30만원을 한 번에 불입할 때보다 사업비를 반으로 낮출 수 있다. 기본보험료로 월 10만원을 불입하는 조건으로 계약하면 기본보험료의 2배인 월 20만원까지는 추가납입을 할 수 있다. 추가납입은 계약 시점부터 시작해도 되고 그 시점에 여력이 없다면 보험납입기간 내에 때때로 목돈으로 가능한 금액만큼만 추가납입을 해도 된다. 결론적으로 변액연금에 가입할 때 노후를 위해 준비할 수 있는 여력이 월 30만원이라면 기본보험료로 10만원을 내는 계약을 하고 20만원은 추가납입을 하는 것이 무조건 유리하다. 이것이 낮은 수익률을 조금이라도 더 높일 수 있는 방법이다.

16. 개인연금 가입 십계명

첫 째, 금융소비자 정보포털 <파인>에 접속해 나와 배우자의 연금액부터 확인하자.
둘 째, 노후준비는 연금소득이 기본이다. 공적연금, 퇴직연금, 개인연금으로 3층 보장체계를 구축하라.
셋 째, 소득의 10%는 지금 당장 노후준비를 시작하자.
넷 째, 연간소득 상승분의 10%는 추가납입을 통해 연금준비를 늘려라.
다섯째, 세액공제연금을 우선으로 준비하되 상황에 따라 비과세 연금을 활용하라.
여섯째, 부부는 분산 가입해서 연금 미지급에 대한 리스크를 헤지하라.
일곱째, 남성보다 소득기간이 짧은 여성은 소득없는 시기를 감안하여 연금을 선택하라.
여덟째, 연금준비는 '3 더' 원칙을 기억하라. '더 많은 시간, 더 많은 금액, 더 높은 수익률'
아홉째, 연금은 장기상품이니 중도해약에 따른 리스크를 알고 신중하게 가입하라.
열 째, 아무리 경제적으로 어려워져도 연금에는 손대지마라.

17. 내가 가입한 퇴직연금은 도대체 어떤 유형이지?

　　내담자들과 상담을 하다 보면 퇴직금과 관련된 공통점이 있다. 그들에게 은퇴자금 준비수단중의 하나인 회사의 퇴직금 제도에 대해 물어 보면, 열 명 중 아홉 명은 제대로 답변을 못한다. 다니고 있는 회사에서 여전히 기존의 퇴직금제도를 유지하고 있는지 아니면 퇴직연금제도를 시행하고 있는지, 퇴직연금제도를 시행하고 있다면 DB형(확접급여형)에 가입되어 있는지 아니면 DC형(확정기여형)에 가입되어 있는지 모르는 경우가 많다. 국민연금이나 소득세 등과 같이 통장에 입금되기 전에 급여에서 미리 제하는 내용에 대해서는 별로 관심이 없어서이다. 대부분 뗄 것 다 떼고 통장으로 입금되는 월급에만 관심을 가지지 매달 한 번씩 떼는 것도 아니고 일 년에 한 번, 한 달 치 급여 정도를 통장도 아니고 금융회사의 다른 계좌에 넣어주는 퇴직연금에 관심을 가지지 못하는 것은 어쩌면 당연한 일인지도 모른다.

　　퇴직 후에 일시불로 받을 수 있는 기존의 퇴직금제도나 회사가 금융회사에 직원들의 퇴직금을 맡겨 운용하다가 퇴직하게 되면 근무연한 등을 감안하여 확정금액을 지급하는 DB형(확정급여형) 퇴직연금가입자라면 퇴직금제도나 어떤 퇴직연금에 가입했는지 관심이 없어도 무방하다. 그러나 개인기 직접 퇴직연금 운용 상품의 선택이나 변경에 대한 권한을 가지고 퇴직연금이 적립되는 동안 어떤 자산들을 바구니에 담고 적절한 시점에 바구니에 담은 상품들을 잘 변경하느냐에 따라 55세부터 받게 되는 퇴직급여액이 크게 차이가 날 수 있는 DC형(확정기여형) 연금가입자라면 자신의 퇴직연금에 관심을 가져야 한다.

규모가 큰 회사는 금융회사에서 적극적으로 찾아와 퇴직연금제도나 퇴직금 운용상품을 직원들에게 잘 이해시키고 선택을 잘 할 수 있도록 도와주니 문제가 되지 않을 수 있다. 반면에 규모가 작은 회사는 퇴직금 담당자가 퇴직연금에 대해 적극적인 관심을 보이지 않으면 금융회사도 크게 신경을 쓰지 않는다. 아무런 사전 정보도 없이 퇴직금 운용상품을 선택하라고 해서 아무렇게나 고르고 적절한 시점에 상품 변경을 하지 않고 방치하면 연금으로 지급받을 때 상대적으로 적은 퇴직급여를 받게 된다. 이것이 개인이 적극적으로 자신의 퇴직연금에 관심을 많이 가져야 하는 이유이다.

오랜 고객인 직장인 김재원씨도 퇴직연금 때문에 고민하다가 SOS를 쳤다. 재원씨는 자신이 가입하려는 퇴직연금이 DB형(확정급여형)인지 DC형(확정기여형)인지도 구분하지 못했다. 카톡으로 질문과 답변을 여러 번 주고받고 회사의 담당자에게 알아보고나서야 재원씨가 가입하려는 퇴직연금이 DC형(확정기여형)인 걸 알았다. 한술 더 떠서 재원씨 회사에서는 상품에 대한 설명도 전혀 해주지 않았고 정기예금, MMF, 펀드 등 70개나 되는 금융상품 리스트를 나눠주고 다음날까지 운용상품과 투자비율을 정해서 회사에 제출하라고 했다. 동료들에게 물어봐도 잘 모르고 그나마 재원씨는 믿는 구석이 있었기 때문에 나에게 카톡으로라도 사진을 찍어 보냈고 어떻게 선택하면 좋겠느냐고 상의라도 했다. 나는 상품리스트들을 보면서 금융상품들의 안전성, 위험도와 재원씨의 나이 등을 고려해서 상품 포트폴리오와 각각의 투입비율을 결정해주었다. 33세의 재원씨는 앞으로 지금 다니는 회사가 아니더라도 오랫동안 직장생활을 해야 한다. 그 기간만큼 장기적으로 퇴직연금을 굴려야 했기 때문에 다소 공격적인 포트폴리오를 추천해주었다. 나이가 많아지면 주식형 펀드 같은 공격적인 자산의 비율은 줄이고 정기예금이나 MMF 같은 안전자산의 비율을 늘리면 된다. 퇴직이 몇 년 안남은 시점부터는 포트폴리오를 변경하여 정기예금이나 MMF 같은 초안전 자산비율을 높여 유지하다가 55세이후에는 퇴직급여로 받으면 된다.

재원씨에게 회사동료들은 운용상품을 어떻게 결정했냐고 물어보니 딱히 물어볼 데도 없고 해서 대부분 정기예금이나 MMF 같은 안전자산 위주로 포트폴리오을 선택했다고 한다. 퇴직연금은 개인의 노후대비를 위해 상당히 중요한 자산이다. 매년 적지 않은 금액이 퇴직연금 계좌로 투입된다. 회사로 찾아와서 설명 한 번 안 해주는 금융회사 직원이나 금융회사 담당자에게 요청하지도 않고 직원들에게 대수롭지 않게 아무거나 선택해오라고 한 그 회사의 퇴직연금 담당자도 한심한 것은 마찬가지다. 이런 상황에서 연간 또는 몇 년 단위로 포트폴리오를 변경해서 퇴직연금 수익률을 높이는 노력을 한다는 것은 그 회사에서는 꿈도 꿀 수 없다. 퇴직연금은 20~30년간 장기적으로 운용하는 것이기 때문에 똑같은 금액을 불입해도 연 1%~2%의 수익률 차이는 퇴직급여를 받는 시점에는 수천만원 혹은 억 단위까지 차이를 만들어 낼 수 있다. 퇴직연금 운용상품 선택을 제대로 하지 않은 대가치고는 너무 크다. 이런 차이가 날 수 있다는 것을 알면서도 퇴직연금 운용상품을 제대로 선택이나 관리하지 않을 사람은 없다. 퇴직급여를 받을 때 남들보다 적게 받는다고 가입 당시의 퇴직연금 담당자를 원망해도 소용없다. 그도 이미 회사를 떠나 형편없는 퇴직급여를 받으면서 '그 때 제대로 알아보고 잘 선택할 걸' 하고 땅을 치며 후회하고 있을 것이다. DC형(확정기여형) 퇴직연금 가입자라면 최소한 아래의 내용만이라도 알고 자신의 퇴직연금 포트폴리오에 적용시켜 보자.

첫째, 내가 가입한 퇴직연금의 유형부터 알아봐라

자신이 가입한 퇴직연금이 무슨 유형인지 알아야 한다. 담당부서에 확인하여 DB형(확정급여형)이면 회사에서 알아서 관리해주니 신경을 안써도 되지만, DC형(확정기여형)이라면 상품선택이나 운용결과에 대해 개인이 책임져야 하므로 관심을 많이 가져야 한다. 이번 기회에 퇴직연금 운용상품을 제대로 선택했는지 확인해보고 문제가 있다면 포트폴리오를 변경해야 한다. 앞으로 20~30년간 퇴직연금계좌에 많은 돈이 들어가기 때문에 잘 관리하여 수익률을 연간 1%라도 높이려는 노력을 해야 한다. 자신의 퇴직연금을 방치한 사람과 잘 관리한 사람의 희비는 퇴직급여를 받는 55세에 결정된다.

둘째, 나이에 따라 공격자산 : 안전자산 비율을 변경하라

20~30대는 주식형펀드와 같은 공격형 자산의 비중을 높이고 정기예금이나 MMF 같은 안전자산의 비중을 줄이는 것이 좋다. 20대는 공격자산 : 안전자산의 비율을 70 : 30, 30대는 60 : 40 정도면 무난하다. 40대에 접어들면 50 : 50 수준으로 조정하고, 50대는 30 : 70 수준을 유지하다가 55세부터 퇴직급여를 받으면 된다. 장기간 시간을 분산해서 투자하기 때문에 안전자산에 너무 집착하면 수익률이 낮아지니 20~30대에는 다소 공격적으로 운용상품을 구성하는 것이 좋다.

셋째, 퇴직연금 운용 상품에 대해서 공부하라

금융회사마다 제시하는 퇴직연금 운용상품이 조금씩은 차이가 있지만 대부분 정기예금, MMF, 적립식펀드를 주로 이용하여 상품을 구성한다. 이때 안전하다고 정기예금만 선택하는 사람들이 있는데 원금이 보장된다고 무조건 안전한 것만은 아니다. 원금은 보장되지만 낮은 수익률로는 물가상승에 따른 화폐가치 하락의 위험을 피해갈 수 없다. 퇴직연금의 수익률을 올리기 위해서는 원금손실 가능성은 있지만 초과수익을 기대할 수 있는 실적배당형 상품인 적립식펀드를 적극적으로 이용해야 한다. 적립식펀드에 대해 잘 모르면 운용상품으로 적립식펀드를 선택하기가 어렵다. 적립식펀드의 장점과 단점, 위험, 상품 선택요령, 주식형펀드, 혼합형 펀드 및 채권형 펀드의 차이 등 꼭 필요한 내용만이라도 공부해야 한다. 적립식펀드에 대해 설명해주는 재테크 책을 한 권 구해 읽던지 아니면 펀드상품을 위주로 강의하는 유튜브 동영상을 찾아보면 필요한 지식을 충분히 습득할 수 있다. 알아야 내 소중한 돈을 잘 관리하고 불릴 수 있는 것이다.

넷째, 회사 담당자에게 자세히 묻고 해결이 안 되면 금융회사 담당자에게 직접 문의하라

회사 규모가 작으면 퇴직연금 담당자가 퇴직연금에 대해 본인도 잘 모를 수 있다. 잘 모르면 금융회사 담당자에게 요청하여 직원들을 모아놓고 교육을 시켜달라고 요청을 하면 된다. 성의 없이 운용지시서만 직원들에게 나눠주고 별다른 설명없이 직원들이 알아서 선택하라고 하는 것이 문제이다. 그 이후에 반복적으로 발생하는 변경업무는 말할 것도 없다. 이런 행위는 담당자 본인은 물론 회사 전체 직원의 소중한 퇴직연금을 갉아먹는 일이다. 우선은 회사담당자를 찾아가서 모르는 내용을 직접 묻고 필요하면 금융회사 담당자의 교육을 요청하라. 회사 담당자와 해결이 안 되면 금융회사 담당자의 연락처를 물어 직접 문의하면 된다. 정상적인 사고를 가진 금융회사 담당자라면 직원들의 문의에 대해 친절하게 잘 알려줄 것이다.

에필로그

친애하는 당신에게

일상이라는 시간은 누군가에게는 마법같은 선물이 될 수도 있고, 또 누군가에게는 벗어나고 싶고 지루하게 반복되는 힘든 시간이 될 수도 있습니다. 왜 그럴까요. 바로 생각의 차이 때문입니다. 어떤 특정한 생각을 만들어내고 그 생각이 나의 행동으로 번질 수 있습니다. 그리고 나의 작은 행동들의 시작이 바로 습관이 되고 다시 그 습관이 쌓여 '오늘'을 만듭니다. 그 오늘이 결국 내가 곧 마주할 '내일'로 완성되겠죠. 시간은 이렇게 반복됩니다. 이 사실을 모르는 분은 아마 없을 것입니다.

'90일만 쓰면 부자되는 가계부'를 처음부터 끝까지 완독하시고 직접 써내려가신 '친애하는 당신'께 저는 에필로그를 쓰는 이 순간에도 다시 한번 저의 진심을 전하고 싶습니다. 최소한 부의 세계에서는 나의 또렷한 생각(목표, 꿈 등)과 실행력(투자, 실천, 방향성)이 시간이라는 마법과 만나 선순환될 때 '부의 추월차선'이라는 믿지 못할 일이 일어날 수도 있다는 것을 말입니다. 사실 제가 그렇게 살았고, 지금도 여전히 그렇게 살고 있습니다. 막연했던 꿈이지만 그것이 구체적인 실행력과 만나 20대에 1억을 모으게 되었습니다. 꿈은 진화되었고, 실행에도 가속도가 붙었습니다. 현재는 부채없는 땅과 집을 가졌고, 자산도 믿을 수 없을 정도로 불어나 경제적으로는 나름대로 불안하지 않은 오늘을 살고 있습니다. 물론 좋았던 적만 있었던 건 아니었습니다. 저도 그 누구보다도 진한 고통과 힘들었던 시간이 있었고, 무너지기도 했었습니다. 그럼에도 꿈을 포기하진 않았습니다. 쓰면서 바라고, 그 바라는 장면을 계속해서 써 내려갔습니다. 그것이 결국 오늘 이렇게 그렇게 바라던 모습과 비슷하게 닮아 있는 집에서 세번째 책의 에필로그를 적고 있는 '나'를 만들어준 것 같기도 합니다.

가계부를 쓰고 싶다는 마음속의 바람은 단순히 '좀 더 잘 살고' 싶은 막연한 바람에서 시작한 아주 작은 실천일지도 모릅니다. 시작이 좋습니다. 박수 쳐 드리고 싶어요. 다만 여러분께 꼭 당부드리고 싶은 말은 가계부를 단순히 적는 것이 아니라 그 가계부 안에서 늘 '왜' 라는 수식어를 스스로 붙여서 자신만의 부자의 기준, 그리고 내 자산의 흐름이 어디까지 와 있고 앞으로 어디에, 언제 사용되기를 원하는지를 지속적으로 생각하면서 써 주셨으면 좋겠습니다. 뚜렷하게 하고자 하는 목표가 생기기 시작하면 실행력에도 가속도가 붙고 좀 더 구체적인 전략을 스스로 만들어 낼 수도 있을테니까요.

　　76세에 그림을 시작해서 5년만에 개인전을 열고 100세에 화가로 널리 이름을 떨친 미국의 화가 모지스 할머니가 이런 말씀을 하셨답니다. '인생에서 너무 늦은 때란 없다'. 당장 맞닥뜨린 현실이 버거운 평범한 소시민들에게 이런 도전의 긍정적인 메시지는 여전히 '불가능'으로 여겨질지도 모르겠습니다. 그렇지만 우리는 모르지 않습니다. 결국에 도전해서 변화를 이루고 그 변화 속에서 결국 성공이라는 지점까지 도달해 나가는 사람들은 '그럼에도 불구하고 움직이는' 사람들이라는 것을요.

　　오늘 나의 기록들이 바로 오늘의 당신이고, 그 오늘의 당신은 지금 '내일'을 그려내고 있다는 것을 믿으셨으면 좋겠습니다. 고맙습니다. '90일만 쓰면 부자되는 가계부'를 완독하시고 직접 써내려가 주신 친애하는 당신의 가계부가 부디 선순환되기를 바랍니다.

지은이 이 천

20년 넘게 재무설계 전문가로서 신입사원부터 CEO까지 거의 모든 직업군의 자산관리를 하고 있다. 평범하고 성실한 다수의 사람들이 재무설계를 통해 돈 걱정을 덜고 행복한 삶을 살도록 돕는 게 목표다. 대박이나 고수익, 한방은 결국 화를 부르게 된다는 무수한 사례를 접하며 성공하는 재테크는 경제 지식을 갖추고 자신의 가치를 높이며 시간의 힘을 믿으면서 돈을 꾸준히 불려나가는데 있음을 강조한다.
현재 (주)희망재무설계 대표다. 개인 재무설계상담에 더해 재테크 칼럼 기고, 방송 출연, 기업체나 지자체를 대상으로 한 자산관리 강의를 주로 하고 있다.
저서로는 <내 통장 사용설명서>, <결혼과 동시에 부자되는 커플리치>, <왜 내 월급은 통장을 스쳐가는 걸까?> 등이 있다.
* 희망재무설계 홈페이지: www.hee-mang.com
* 블로그: blog.naver.com/clee20000

지은이 김혜원

가계부로 셀프 재무설계를 해 온 지 올해로 20년차인 프로가계부러이고, 현업에서는 일개미 11년 차 마케터이자 3년차 아들 쌍둥이맘이다. 20대에 1억을 모았고, 결혼 이후 18개월만에 억대 수준의 대출을 빛의 속도로 갚아버린 생활밀착형 셀프 가계부 재테크 신공을 펼쳐내기도 했다. 이를 통해 특별한 재테크 지식이 풍부하든가 소위 난다 긴다 하는 재테크 전문가가 아니더라도, 누구든지 현명하게 자신의 삶과 꿈, 그리고 돈에 대한 나만의 철학이 뚜렷하다면 스스로 재무관리를 해낼 수 있다고 믿고 있다.
 <하루 10분 거꾸로 가계부>, <오늘의 이름이 나였으면 좋겠어>등의 저서가 있다.
* 브런치 : https://brunch.co.kr/@heaven#info
* 네이버 오디오클립 : 돈을 읽고 꿈을 쓰는, 오늘의 북테크

90일만 쓰면 부자되는 가계부

초판 1쇄 발행 2018년 12월 17일
초판 2쇄 발행 2018년 12월 18일

지은이   이천, 김혜원
펴낸이   정유진
펴낸곳   no book
주　소   경기도 수원시 영통구 광교중앙로 145 A432
전　화   031-8025-9200   팩　스 050-4211-8560
　　　　 https://blog.naver.com/nobookorea
이메일   nobookorea@gmail.com
출판등록 2018년 7월 27일 제2018-000072호
디자인   hartbakdesign   인　쇄 새한문화사
　　　　 ⓒ 2018 이천, 김혜원, Published by no book, Printed in Korea

ISBN 979-11-965237-2-5(13190)

+ 이 책은 저작권법에 따라 보호받는 저작물이므로 무단 전재, 복제를 금합니다.
+ 잘못 만들어진 책은 구입한 곳에서 교환해 드립니다.